行出一小步

——從我到我們的社區實驗

社會文化

我和你（Me & You）

我們（We）

栽種有時

陳曉蕾
記者、「大銀」總監及
《大人》總編輯

一口答應替這本書寫序，然而遲遲無法落筆。

「今時今日，行到『一小步』談何容易？」我忍不住對編輯說：「現在簡直不斷『仆街』，狠狠被摔倒，站起來，跌交，撐起，在整個倒退的浪潮，守住都艱難。」

我最近也真的不斷「仆街」：右腳扭傷，跌傷腰骨；然後扭傷左腳，擦傷發炎已洗傷口大半個月。

累到半死時讀着這本書，有點感慨，我曾經也採訪很多類似的被訪者，明知困難，仍然盡力，做得幾多得幾多。《一小步》由 2013 年開始，記錄了不少有心人大大小小的行動，團隊也實際行動，包括創辦《亞公角報》，連結沙田亞公角山路上多間照顧不同弱勢社羣的機構，當時我也曾經報道。

當大環境愈變愈壞，心裏着急，原本欣賞的眼睛，眨眨眼就變挑剔——這些社區活動，能走去哪裏呢？

反復讀了幾遍，慢慢地感受每一個行動。慢慢地被溶化，感情是真的，善良的意願，認真付出讓事情發生。開始感謝團隊記錄下來，在這些年風風雨雨的香港，曾經有過這些種子。

栽種有時。被拔起也有時。但這些都是發生過的，不會因為結果，而失去意義。

這本書每一個人，都在說：做得幾多得幾多，不要嫌唔夠多而唔做。

南美的一小步，我們的一小步

龐一鳴
社區營造者、「港嘢」成員、《就係唔幫襯地產商》作者

收到寫序的邀請時身在阿根廷，不如就寫寫南美的一小步。

上世紀七十年代，阿根廷被極權軍人政府高壓統治，反政府的青年人失蹤人數以萬計，整個社會人人自危，惶恐度日。

終於，一羣失去兒女的母親忍無可忍，每星期一次相約在首都五月廣場集合，互相支持、交換消息、土炮自製示威語句，並貼上失蹤孩子的相片，默默地圍繞廣場步行抗議。

這風雨不改的一小步，逢星期四下午例必在廣場重現，自 1977 年至今四十年來從未間斷。因着這份堅持，縱使母親每週只在廣場默步團圈，但仍然成為了尋求公義最有力的一把聲音。這一小步後來令到不少當年有份行兇的軍人受到制裁入獄；五月廣場母親運動更逐步擴大成為全球正義行動的中流砥柱。我們熟悉的天安門廣場母親運動就是一例，從命名到行動方式都受到前者的啟發。

其實，古今中外的極權政府本質所差無幾，分別只在於現在的操控不一定見血收場，反而轉為以更細微的方式，潛藏於日常生活的罅隙中，叫人想去反抗也無所

適從。正因此，這時代的反抗，必須好像本書記錄的行動者一樣，決心在生活微細處，在社區不起眼的議題上，義無反顧地走出異議的步履，懷着雄心做好小事，實現改變。感激《一小步》為時代記下眾多不願妥協的步伐；他們向建制說不的步姿，煞是迷人。

重訪阿根廷五月廣場，母親的堅毅依舊動人；更欣喜看到母親們善用自身的影響力，幫助社會中其他弱勢社羣：例如幾年前母親們參與由國家資助的社會房屋計劃，協助五千多個單位得以落成。讀着《行出一小步》的行動故事，讓人感到踏實，慶幸香港有人，毋忘為更美好的社會行出來。期待這些腳印一如五月廣場母親行動般風雨不改地烙印下去，甚至有一天跳出自己關心的範疇，連結其他行動，成就更強大的公民力量。只要堅持不懈，沒有制度不能撼動，沒有人心不能轉化，沒有時代不能改造。

粉嶺
Fanling

大埔
Tai Po

錦田
Kam Tun

老圍林叔叔
共融館

山城土多

馬鞍山
Ma On Shan

土家
維修香港

荃灣
Tsuen Wan

阿謙

KUC Space

旺角
Mong Kok

觀塘
Kwun Tong

閒地攤

GreenPrice

德昌里三號

香港島
Hong Kong
Island

小島靜舍

其他

Run Of Page

Mosi mosi 無事無事研究所

Translate for her

好宅

John Erni

陳家良

ken Tai

街坊書櫃

生活書社

屯門
Tuen Mun

大澳黃惠琼

大澳文化工作室

EARTH.er

東涌
Tung Chung

大澳
Tai O

作者簡介

司徒咏姍

現職《一小步》監製及 Trial and Error Lab 管理員。喜歡聽人物故事、記錄行動、看見轉變，相信無論是文字、影像，還是空間羣體，都是媒介，讓人互相影響交流，傳遞信息和力量。

林蕙芝

現職《一小步》監製及 Trial and Error Lab 管理員。職涯從未離開過媒體工作，但編採寫能力一直馬馬虎虎；最想學會用心聆聽小人物講故事，用雙腳跟街坊同行。

王育娟

現職 Trial and Error Lab 管理員，曾任職《一小步》監製。從事電台工作多年，後來轉換跑道，由電子媒體工作者，變成公共空間管理者。

周嘉俊

《一小步》2016 年度實習生。現為掙扎於麪包與理想之間的記者。

何碧嵐

《一小步》2016 年度實習生。每晚都在 OT 的社會新鮮人，將暫別香港，休息並順道進修園境建築碩士。

黃煜華

《一小步》2015 年度實習生。是未曾新鮮卻早已失鮮的準畢業生，只盼一切困境會平定。

導言

我們的覺醒，時代的一小步

梁柏堅
突破機構 事工發展總監

能參與孕育網媒《一小步》的誕生，是我的榮幸。

很多人說很喜歡《一小步》這個名字，很有一種小清新的感覺。名字雖小，背後的討論，卻是一場關於大時代的思考。

這場媒體實驗的起點，來自我們的網上事工 Uzone21.com 的轉型。這個以 Web 2.0 觀念製作、於 2000 年前後誕生的網站，強調用家的社羣互動；但隨着 Facebook 於香港登陸、手機程式與無線寬頻的高速發展，這個網站沒有足夠資源追趕科技的大潮，漸漸變得落後，急需從根本處更新。

然後就迎來了 2012 年的浪濤。

一小步，行在地上

還記得當初開會時的會議代號，叫作 post-web，就是在問 Web 2.0 之後（post），互聯網會朝着怎樣的方向發展。會議討論的內容，學究味濃，有點抽象——網絡使用者接收和發放資訊的方法會有什麼變化？一出世就活在互聯網盛行的年代，青年人會有怎樣的生活習慣、世界認知？世界觀和文化會怎樣轉變？我們的網絡工作最終想看見什麼？然後我們慢慢聚焦到網上網外 (online / offline) 的媒體實驗。

與此同時，電視劇《天與地》牽起熱潮，「如果命運能選擇」、「The city is dying」，人人朗朗上口；接續，許多年輕人在 2012 年的「反國教運動」中覺醒，上接皇后碼頭的保育、「反高鐵，保菜園」的抗爭，下啟佔領運動、「我要真普選」的發生。青年人在問，什麼是以香港為家？向地產傾斜、向中國靠攏的發展方向，如何侵蝕這個城市的可持續發展，破壞「一國兩制、港人治港、高度自治」所承諾的自主性？在高速發展的同時，我們失去了什麼難以追回補償的價值和特質？

就在這時候，以社區為單位的行動者開始湧現。

從時代脈絡開始討論問題、發展事工，是「突破」這幾十年來的「起手式」；至於下一步，就是在這基礎上，追問信仰提供了一個怎樣的判準和定位。雖然沒有點對點的回應、金句式的應用，也沒建立出什麼宏大敘事、神學論述，但經歷覺醒後，青年人如何能不停留在裝酷的趕時髦、小清新的文青消費，保持心意更新而變化，關鍵似乎在行動主體的建立上，在乎如何讓自己與同伴的行動成為照亮失喪者的燭光。

在構思網名的時候，同工先是想到英文名 Little Post；這個 post，就是來自互聯網之後、覺醒之後的討論。而因為 post 除了可解作「之後」，也可以是新聞報紙、網上討論區的發帖，最初 Little Post 的中文名叫作「小紙」，設計師則把名字中這個「小」字放大，設計成一個圓形的報頭標誌。

「這很像人類登陸月球時的那個腳印啊。」我拿着設計圖，邊看邊說：「不如叫《一小步》吧。」對，太空人岩士唐登月時那句名言：「這是個人的一小步，也是人類的一大步」，就是《一小步》名字的出處；而「步」又與 post 諧音，再加上以小見大的聯想，脫口說出時真有一種「夾都無咁啱」的感覺。

2013 年元旦日，《一小步》就啟程邁步，行在地上了。

改變的社區，媒體的實驗

《一小步》不是一開始就這個模樣的。由於人力所限，這平台第一階段的文章多以約稿的方式刊載。期間同工吳諾雯嘗試連結社區行動者、閒置資源，連結一步之遙的社區鄰舍，報道社區經濟的故事，製作一小步布袋，實驗資源循環共享之路；又籌辦社區報飯局，分享之餘也是製造一個讓大家彼此認識、促進合作的場合和機會。

後來《Breakazine》編輯司徒咏姍從德國工作假期後回流，加入《一小步》。不再孤掌難鳴的團隊，可做的事情就更多，漸漸開拓出結合網媒、行動、出版的多元媒體進路。期間香港正爆發爭取雙普選的佔領運動，《一小步》聯同《Breakazine》一起發動義工，在佔領現場進行採訪，記錄這場運動背後各有故事的香港人，出版第一本與這場運動有關的華文刊物《遍地開遮》，中英對照，一度進佔銅鑼灣誠品書店社科書籍暢銷榜第二位，並曾被帶到聯合國教科文組織（UNESCO）的會議上傳閱。

及後《一小步》與推廣香港本地農產的單位「港嘢」合作，走訪多個本地農場，用該農場的出產製作食譜，拍攝煮食短片，做展覽，搞小型農墟，以團年飯的方式籌辦素盆菜宴，出版《有得食　好好食——本土生產美食日記》小冊，連結家庭主婦與本地農家，把這場媒體實驗推到高峰。

然而，社會氣氛在佔領運動被硬生生清場後，漸趨沉重乏力，公民覺醒後的改革願景屢屢碰壁，好像做什麼也不會帶來改變。編輯林蕙芝此時從《Breakazine》團隊轉到《一小步》，追蹤一連串關顧社會弱勢的行動和實驗，以行動者故事館的方式，記錄公民社會的踐行成果，報道散落城市各處的點點星光，讓人看見即使沒有大型的社會、政治運動，每一個人仍有可做的事，公民社會的力量仍可累積，我們可以看見彼此。

是記錄也是實驗

《一小步》所記錄的故事，都是一場又一場的社會實驗；而《一小步》本身，也是一場媒體實驗，既是為了理解社會現況和新媒體運作，也是為了探索新路，為未來早作準備，想看看互聯網時代下，如何可以在公民社會中以媒體連結經驗，凝聚力量。

這本小書所收錄的行動者故事，無論成敗，即使隨便看看，都滿有啟發；然而，如果你本身也想成為行動者，想為這個城市做點什麼，這些故事就不單止是故事，更是你的參考手冊，讓你從前人的行動細節、身心掙扎中，反照出自己的處境，看見自己想回應解決的問題，少走一點冤枉路。

實驗不是為了萬一行動失敗而抛出來的託辭。實驗之為實驗，是要帶着問題意識，在具體處境中尋找答案。問題意識薄弱的話，我們就只會隨着各種事物現象團團在轉，如同走進大觀園，被各種新奇的做法吸走我們的焦點，被看似很有型很好玩的事物迷惑，判斷不到這些行動到底是成功還是失敗，更遑論要從這些故事中汲取所需的經驗了。

就像《一小步》，我們也曾疑惑，受訪的行動者雖很感激我們以報道整理他們的故事，但在各人的叫好聲之中卻看着社會文風不動，甚至變得更差，我們（無論是行動者還是記錄者）是不是真的在推動社會變好？抑或只是圍爐取暖？在記錄時代的同時，我們也記錄了自己；向受訪者提出的問題，其實也是向自己追問。《一小步》所謂的媒體實驗，到底有沒有試出一點新想法？我們在做什麼？這些故事有沒有至少改變了我們自己？我們的下一步，有沒有反映這中間的看見？只說別人的故事，我們卻坐着不動，這是不是遺漏了些什麼？

如果你在閱讀的同時，也向自己追問這些問題，讓這些問題迫着自己化為行動，誠實面對自己的限制和軟弱，勇敢面對自己的心跳和可能性，這本書你就沒有白讀了。

空間實驗的嬗變

《一小步》的身分危機，迫我們誠實面對自己；而誠實，令我們在猶豫與勇敢之間，稍稍向勇敢的一方踏前了一小步。

在接觸過許多社區行動者後，《一小步》開始思考到自身所在的空間、位於沙田的亞公角山，嘗試出版由暑期實習生協力製作的《亞公角報》，連結山上各院舍，關注上山的交通問題、山上公共休憩空間等社區常見的議題，收集意見書、簽名，與運輸署、巴士公司、區議員等開會，探索媒體和社區的關係。

思考角度的轉變，往往帶來根本視野的轉變。當《一小步》的實驗開始回到「突破」這個母體，更多同工開始思考突破青年村和突破中心的運用：「香港的青年人、社區行動者常常面對缺乏土地空間的問題，『突破』應該如何運用自己的空間回應這個需要呢？」這就是「突破山城節」背後的關注，而隨着這問題意識的加深，《一小步》開始進入蛻變的階段，由純粹的媒體實驗，演化成空間的實驗，然後有了成立共享工作空間 Trial and Error Lab 的念頭。取名 Trial and Error，不單為了好玩，更是反映我們自己看這一步，就是一場嘗試勇敢舉步與誠實面對挫敗的實驗。

工作不止於餬口，職志的尋求是每個人向前踏步的必經，Trial and Error Lab 招募有志從事工藝創作的青年人，駐場成為實驗夥伴，強調不怕撞板的實驗精神，想像各種可能性，發展與真我、與世界、與意義相連的人生職志。回想起來，雖然展現形態不同，但《一小步》的初心，仍然鏗鏘作響。

是你是我的一小步

英國的哈里王子早陣子與美國影星梅根馬克爾（Meghan Markle）結婚，社交媒體傳來各類起底故事，其中有一段短片，是梅根在聯合國婦女署（UN Women）憶述她十一歲時，看見一則洗潔精的電視廣告：「全美國的女人，都在忙着與油膩的餐盤打仗。」她的男同學則附和：「女人就該留在她們的廚房」，她為此而感到受傷。梅根的爸爸鼓勵她寫信，向能改變這事情的人訴說她的感受和想法，於是她寫信給當時的總統夫人希拉里、播出廣告的媒體公司，以及該洗潔精公司，並得到希拉里回信支持。一個月後，這則廣告的語句改變了，「全美國的女人」改為「全美國的人」，而這次經歷，亦讓她體會到行動的力量，鼓勵她繼續參與倡議行動。

這經歷雖然好像只是發生在某一個人身上的傳奇，但重要的是，她有一個願意在家庭教育中鼓勵她成為公民的爸爸，而社會的公職人員又願意聆聽回應，公司機構亦以資源和行動承擔失誤後的修正。所謂公民社會，不是只和行動者有關，它更在乎我們每一個人在社會中，帶着公共視野行出自己崗位上的一小步，回應行動者所看見的社會需要。

深願這本書上的故事，鼓勵你我一起，在這社會的不同角落，行出帶來改變的一小步。

ME

「他們最想改變的，其實是自己。」

他們最先踏上的是改變自己的歷程。沒有哪一位，感覺到自己有「天將降任於斯人」的豪情，反而大部分都說自己是在迷惘與躊躇中，匍匐前進，嘗試讓自己的生活更環保、更社區友善。

原來，相比起改變世界的雄心，改變自己的決心才是最強韌的力量，以人性化的角度去包容自己的「錯誤」和「失敗」，願意相信時間滴水穿石的力量，不徐不疾，心無雜念，才能愈走愈遠。

文—周嘉俊
攝—黃國榮
21-07-2016

阿謙：開放空間，讓街坊休息

「每個人都可以為有需要的人，打開一扇門。」

平日，你會到什麼地方吃飯？食物環境衞生署外判清潔工人四妹告訴我們，她每天中午只能在工作的垃圾站，吃着清晨六時預備、用飯壺盛載的午飯。

現時全港約有一萬二千多名食物環境衞生署外判工人，有沒有想過，在我們的社區，他們平日工作時可在哪裏吃頓安樂茶飯？

在大角咀工作的鄧永謙，兩年前在街上偶遇四妹，讓他想到了這個問題，也嘗試尋找答案。

給辛勞的她一張沙發

在新福事工協會（下稱新福）擔任生命教育主任的阿謙，向我們憶述遇見四妹的經歷。2014年6月，他返回辦公室的途中，看見四妹正在某舖頭簷下吃飯，「那裏可以遮蔭，但那天天氣炎熱，熱得連行人都不願意在街上逗留。」

阿謙看見，主動上前關心：「婆婆，呢度好熱，你點解坐在這裏？」四妹說：「我鍾意坐在這裏，有瓦遮頭。如果不坐在這裏，就要在公園或者垃圾房吃飯。」他們並不相識，但阿謙看着，實在不忍，遂「膽粗粗」地邀請她到自己的辦公室吃飯。

「我希望街坊可以有尊嚴地食一餐飯。即使她未必喜歡上來，至少讓她有選擇。」阿謙沒有先問准同事或上司，腦內的信念卻催逼他，「我們只需要給她一張椅子。既然辦公室有空間接待，為什麼不能做？我想不出別人有任何反對的理由。」後來，上司和同事知道四妹曾經上辦公室，也認同阿謙的做法。自那天開始，四妹每逢中午都去阿謙的辦公室吃飯，不用再忍受日曬雨淋。

訪問阿謙那天，四妹也在旁邊，參與我們的對話。「這裏當然比街邊舒服！以前我在街邊食飯，垃圾站很臭，但人哋舖頭要開工，唔係咁容易畀你坐。」說話中透着一絲的無奈，「幸好後來遇上謙仔，他邀請我去他公司，我好歡喜。初初我唔夠膽，只敢坐在後樓梯食，後來他們叫我上七樓辦公室，我才敢每天去。」四妹雀躍地說。「謙仔份人真係好好㗎！」

雖然新福是一間社福機構，但阿謙強調，開放空間不是他們的「服務」之一。他做的，只是一個平凡人在生活中替別人解決困難，以及分享自己的資源。「社區內的人都是朋友和街坊，當他們遇上困難，我好像平日幫朋友一樣，幫助他們。」

給無家的他一張辦公桌

阿謙還給我們介紹另一位街坊。在阿謙身後的辦公桌上，放着零碎的私人物件，桌前坐着一個皮膚黝黑、動作緩慢的伯伯，正在專心閱讀《聖經》。「他是一位無家者，叫華哥。」阿謙用溫文的聲線，向我們敍述第二個關於開放空間的故事。

華哥平日在詩歌舞街一帶露宿。兩年多前的冬天，阿謙因在那邊派棉被，認識了華哥，但華哥性格內斂，不太容易跟人聊天。直至發生了一件意外，「大概兩年前，我朋友誠哥（另一位無家者）在廁所暴斃，警察要帶我返差館，認為他的死與我有關。」華哥向我們講述事發經過。「差人圍着我，又恐嚇我，好彩有阿謙同我到差館落口供。」整個過程，阿謙一直陪着華哥。

「警察不打算畀口供紙華哥。」阿謙說，「我就叫他們影印一份口供紙給我們。華哥不太懂程序，旁邊有個比較清楚法例的人始終較好。」後來，華哥脫險，自此開始信任阿謙，不時到阿謙的辦公室休息，漸漸成為好朋友。阿謙結婚時，華哥也有到場祝賀。

阿謙認為，身後的空間對華哥十分重要。「我認識一個年輕的無家者，早上上班，晚上在朗豪坊前的梯級睡覺，以致終日精神恍恍惚惚。當你在街上睡過，就會明白箇中的原因。」香港的街道喧嘩煩雜，人車紛沓，無家者根本不能安睡。因此，他希望日間讓華哥在這邊休息，「我只想幫他，替他分擔一些事情。既然我們有一個有冷氣的地方，為什麼連這一點事情也不做？」他直言辦公室環境狹小，沒有能力接待大量的人，但如果能力所及，必定會竭盡所能。

P
23913959
金豐地產

因為信任，所以來了

阿謙深信，服侍街坊一定要「落地」，單靠社福機構的工作並不足夠。

「若問我為什麼喜歡跟街坊在一起，應該從自己細個犯事之後開始吧！」曾幾何時，阿謙不被主流社會接納。經歷過風風雨雨，人成長了，開始在東區法院門外「執仔」，跟一班邊緣青少年接觸，分享過來人的經驗。

這羣青年人找不到人生的方向，有部分曾經坐監。阿謙跟這班青少年特別投契，他們也當阿謙是「大哥哥」，「這班青年人跟我無所不談。他們不愛跟專業人士如社工等說話，只想跟一個『人』傾偈。」

阿謙認為，社工往往有一套處理問題的既定模式，但這種模式容易忽略人與人之間自然、簡單的溝通。在那段時間，阿謙跟那羣年輕人同行，直至他們找到工作。「現在，他們仍不時請我吃飯，有人賺錢更比我多呢！」從他的微笑，就能感受他的滿足和自信。

投入服侍不同的弱勢羣體，讓他「看見」了這班被遺棄、被邊緣化的人。「服侍一定要不停接觸，一定要落地。如果由頭到尾都當做project，你始終是離地的，永遠無法感受那個生命。」落地，除了可以讓阿謙有深切的體會，也實質地連結了社區內的街坊。

「他們信任你，才會畀你幫。」阿謙向我們舉了一個例子。「有一次，香港氣溫只有幾度，有一個無家者打電話給我，問我有沒有地方讓他睡一晚。後來，我替他找了一個地方過夜。」那無家者信任阿謙，才會在窘迫的處境下致電給他。他強調彼此連結和信任，而這種信任得靠平日一點一滴的相處累積，並非單靠慈惠工作能建立。華哥和四妹的故事，恰恰證實了這點。

華哥對此十分認同。「其他機構叫過我幾次，我都沒有去。就像初初我也抗拒上來（新福），之後想通了。新福個個都對我好好，我在這裏都不覺得陌生。」對於街坊來說，熟悉的環境讓他們感到安心和溫暖，這種被接納的感覺對無家者尤其重要。「這裏的人都好熟我！他們還年年請我們一班清潔工友吃開年飯添！」四妹也滿足地說。

把被服侍權還給街坊

阿謙和街坊的關係，亦以互相尊重為基礎。「我希望能夠將服侍權畀返街坊。意思是由他們決定接受怎樣的接待。」我們往往會用自身的價值觀評價別人，忽略了每個人的自由選擇。「無家者露宿街頭，可能是因為家庭問題，或經濟問題。沒有同理心的人會用這一點評價他，認為給他上樓才是最好的，但他們不上樓，背後的原因可以相當複雜。」

這些年，阿謙累積了跟街坊相處的寶貴經驗，開啟了他關懷社會的眼睛。「我成日都話，他們（街坊）都是我的老師。」阿謙切實認識不同人在生活中所面對的困難，使他能夠代入別人的角色思考，了解社會更多不同層面。他認為，服侍不應只屬於慈善機構，更應是每個人生活的一部分。

「當你平時走入社區，已經可以跟不同人對話。透過接觸四妹和華哥，我明白了服侍可以有其他向度。我很希望將這個經驗傳遞出去。」現時，他在新福開辦的「關懷貧窮學校」當課程導師，「我們希望透過這個平台告訴人服侍的闊度，如果他們收到，便可以實踐；如果不明白，咪繼續做慈惠囉！」

阿謙不是反對慈惠工作，但他認為，服侍的方式可以更多元化、更貼近街坊的需要。他希望大家都能擺脫一種由上而下的家長式服侍模式，如他所言，將服侍的權利還給街坊自身。

愛鄰舍，何不開放空間？

阿謙亦積極推動社區經濟資源共享，讓更多像四妹和華哥的街坊能夠受惠。「我常去不同教會分享，嘗試『衝擊』基督徒：有人問我可以怎樣運用教會的空間，我會答，既然這裏星期一至五都沒有人用，可不可以試試開放？如果我們信仰的方向，是要我們愛鄰舍，那是否可以有不同的實踐？」

目送阿謙陪四妹回到垃圾站，二人身影漸漸遠去。想到一會兒四妹放工後還要趕去打另一份清潔工、華哥深夜要回球場露宿，這個城市並沒有為他們留下一個休息的空間，心裏有一份無奈。如果我們能多一點主動和無私，為有需要的人踏出一小步；那麼，就算街坊的生活未必有立時改善，至少可以活得更有尊嚴，更被尊重。

今天華哥跟阿謙能成為好友，是靠點點滴滴的信任累積。

後記

阿謙繼續在新福事工協會工作，主力關懷貧窮學校事工，以教育轉化社會價值觀。另外，他在工餘時間攻讀神學學位課程，探索信仰與人生。

Ken Tai：

一個人的社會實驗練習

「如果，我們每個人都能為社會遇上的問題，提出一個新的、好玩的實驗，那該多有趣！」

文—司徒咏姍
攝—黃國榮
04-03-2016

「社會實驗」，並沒有一個很清晰的定義。

如果你在網上搜尋「社會實驗」，最常見到的是由實驗者（或是記錄者）請演員在街頭上演一幕處境，例如一男一女打架，或是一位失明的朋友四出問人自己手拿的獎券有沒有中獎等等，再記錄途人的反應，引發例如「香港人會幫男或女？」或「有多少人會佔弱勢人士的便宜？」的討論。

但社會實驗不止於這些形式和目的。除了街頭處境實驗，社會實驗還可以是一個路邊的裝置、一次自身的實戰經歷、一個 Facebook 專頁、一次落區與街坊的互動等等。

戴曉峰（Ken），二十六歲，物理系畢業生。他本是一位產品測試員，工作時間為各種產品做實驗，工餘時間也在社區為綠色生活做各種社會實驗。他建立了 Facebook 專頁「一物一生」，參加過香港的「一日一百香港」（100 in 1 Day HK）活動，以「垃圾回魂」的裝置引起街坊對街道衞生的關注等等。

他正好示範，一個人怎樣以一個實驗的方式，回答自己心裏的問題，也嘗試引起大眾的關注。

實驗一：讓路上的垃圾怨魂，暴露日光之下

我們跟 Ken 走在連接寶琳站和坑口站的一條小路上。「雖說是小路，其實人流也頗多。」Ken 說，這是附近街坊去港鐵站、圖書館、泳池等必經之路。除了少數在晨運的公公婆婆，人人急步走過。

「我平時都是直行直過的，但有一晚，我慢走，低頭一看：天啊！這條路上的花槽，全都是垃圾！」一開了這個「垃圾眼」，就愈看愈不順眼。「上世紀的檸檬茶盒、膠袋、紙巾、煙頭……這裏無人管無人理好耐。」可能因為這條路特別黑，或者沒有保安、食環管理，路上滿是垃圾。

Ken 說，他沒法確定這條路特別髒的原因。唯有想想，到底有什麼方法，可以引起街坊注意，請他們不再丟垃圾呢？

一個人，一個牌子，就能讓街坊看見平日看不見的垃圾。

「你都見，路旁有幾個垃圾桶，但大家是不會把垃圾丟進去。」Ken 苦笑。「在這個時代，如果你派傳單、着件 Tee 宣傳，講街道清潔、保持環境衛生等老掉牙的教導，大家都免疫了。」於是，Ken 想出了另一個角度——嘗試代入那些被丟棄的垃圾。

他把其中一部分的垃圾撿起，放在透明膠袋裝裹，擺在路邊，然後在旁豎起對聯：「夜半亂拋是何人／葬身花槽今回魂」。

這個街頭裝置，是 Ken 在 2016 年 1 月 23 日參與「一日一百香港」活動時設立。當天全港不同地區都有各種社會行動，例如有人在深水埗設立「街坊書櫃」，讓舊書可以自由流動；有人用竹條加單車，做成一輛「竹紮車」在街頭行走等等。

「大家的方案都不同，重點都是希望在社區裏，能跟街坊互動，一起思考一些問題，或者拉闊一些想像空間。」

那麼，「垃圾回魂」有引起將軍澳街坊的討論嗎？「我最初站在旁邊記錄，還以為大家都不敢入鏡，結果有一半路人會停下觀看，有人甚至走上前跟我解釋，這條路是因為沒有管理公司，所以特別骯髒。」成功引起了注意，但是否能帶動改變，還是未知之數。

「做街頭實驗，是比較難判斷成效的，」Ken 說，「但至少，這是一個開始，他們（街坊）可以找到第一塊拼圖，知道自己之後可以點怎做。」正如 Ken 也是一塊拼圖接一塊拼圖的開始思考綠色、環保議題。

實驗二：如果每一件物件，都可以用一世

「2013 年 7 月，我參加了長春社辦的活動，在上水塱原當了十四天農夫，」Ken 說，「這應該是我的第一塊拼圖，帶我慢慢重新認識地球和自己。」

由這活動開始，他認識了許多「綠色朋友」，也開始明白，每個人都能做自己能力所及的事，「唔好怕醜」去推動改變。於是，他想想怎樣利用自己的專業，教人更環保。「我是讀物理的，工作是做產品測試，所以我對不同的產品都有比一般人多的資訊，好似物料、設計等等。」

這些資訊與環保、綠色有何關係呢？「我成日都覺得，大部分人不是特意造成『浪費』，或者特意製造更多垃圾。而是大家買東西時，沒有得到足夠資訊，又沒有練習思考自己需要什麼，所以先買完又丟、買完又丟。」

說穿了，大部分人、大部分時間的購物，都是按外表決定一切。

「我稱這為被外表騙倒，『意亂情迷』，」他笑說，「既然我試過把這些產品『剝晒衫』咁測試，我就可以話畀你聽，你應該點樣選擇。」

於是，他開了「一物一生」專頁，每次以一張圖教人怎樣選擇適合自己的產品。

「如果你想買一隻鑊，你有沒有留意鑊有兩種手柄？一種是釘上去，另一種是則是沒有釘的。如果你是一個很注重清潔的人，就不應該買有釘的那種，因為容易內藏污垢，你好快又不滿意，會丟掉它了。」

留意細節，了解物料，壞了嘗試拯救……「其實是很基本的購物習慣，但要練習要學。」因為我們都習慣「衝動式購物」，也習慣用錢解決所有問題。「我最常收到的留言是，邊度可以買到這耐用品？」Ken 笑說，「我特意不說的，大家只要小心留意，就會知道，問題是大家會不會花時間在此。」

實驗三：喝一杯咖啡，救一個地球

「我們只得一個地球，但大家成日都忘記了這件事。」Ken 說。這大概是推動他不斷想不同的實驗和行動的緣起。他曾經在生活書院的「冬暖日和園遊會」活動上，用一杯咖啡傳達這個訊息。

「我為參加的朋友手沖一杯咖啡。當他們喝完後，會收到一張紙，說：其實我只有一個杯。」他說。

哦？一個杯？「即是他要把這個杯清洗乾淨再交還我。大部分人收到紙條後，有點驚訝，但仍然樂意去洗杯，而且洗得特別乾淨。」哦？還是不明白。「因為曾經有人為他們洗杯，他們再為別人洗杯就變得合理，也因為是為別人洗，反而特別用心。」

類似的活動，他曾經帶小朋友做過，請他們選擇別人用過但已經洗淨的杯子，還是用即棄紙杯喝阿華田。「地球只有一個，我們做綠色運動，不只是為了自己，而是為了彼此，為了以後的人。」

無論是「垃圾回魂」或「一物一生」，在他眼中，也是傳遞着同樣的訊息。「我都是『搞事』啦，試下用不同方法，接觸不同的人，講的都是綠色生活的議題。」

「我沒有辦法立刻改變社會，但我不斷用各種方式的實驗、行動，提醒大家我們的責任。」他說。

後記

Ken 最近發起「香港計數機重生計劃」，收集考試後被投閒置散的計數機，轉送有需要學童；同時在 Facebook 開設「數學咁都得」專頁，書寫一個個有關數學與生活交匯的有趣故事。

實驗小貼士

做社會實驗，或社會創新，其實我們需要一個怎樣的思考方式？

「要退後一點，找回問題的原點是什麼。」Ken 說，「我們好容易批判做得不夠的人，話人無公德心、唔環保，但有時可能只是一些設計或技術性的問題。」他舉例，這幾年香港有不少運動好手參加跑山比賽。山路遙遠，他們必需中途補給。

「除了香蕉外，大會最常供應的就是 energy gel。跑手們邊跑邊吃，吃完就把包裝紙隨便丟在山上，引來許多環保人士指責。」但 Ken 認為，愛跑山的，應該都是喜愛自然的人，怎會貪方便隨意丟垃圾呢？「後來問過跑山的師兄們，才知道，因為 energy gel 大多黏答答，如果要袋着包裝，又汗又黏，實在很不適。」

這樣看清楚，就知道要解決的問題，或許並不是（或不只是）跑手們的公德心，而是那塊惱人的包裝紙。

「會不會有不黏答答的 energy gel ？會不會有可以分解的包裝紙？」Ken 說，「我有認真地想過如何解決這個產品設計的問題！」或者有一種包裝設計是讓 energy gel 不會漏出來？「對啊，只可惜香港幾乎沒有這類型的工業，很難做 prototype。如果有，我又可以試試……」

說到尾，社會實驗不只是一個形式，而是一種實驗精神，孜孜不倦地為我們的城市、社區尋找出路。

文—林蕙芝
攝—黃國榮
12-05-2017

陳家良：

願單車行在地上，如同行在天上

「身先士卒，先改變自己的生活模式，再進深研究，漸漸就成為照亮其他也渴望改變的人的前燈。」

認識陳家良牧師，是在一次踩單車活動。

那並非「大眾踩單車郊野樂」的新界遊，也不是由大圍單車徑騎車到大埔的教會團契週會，而是很認真的單車技術改進課程「輛輛起動——單車工作坊」（嗯嗯，有點像學車要「補鐘」一樣）。[1]

陳家良是導師之一。其中一課，他先跟義工們帶領十多名學生去九龍塘的巷子，學習單車在馬路行駛的技術，待大家都熟練了，再領着我們踏往窩打老道。我當時十分猶豫：這是巴士、私家車駛往獅子山隧道的主要道路，我們這些「人包鐵」的單車，真的能合法又安全地進入肩摩轂擊的道路嗎？

單車的福音

只見他毫不猶豫，一邊踏着單車，一邊舉起右手，向巴士司機打手勢，令幾架快要進入窩打老道中線的巴士給我們讓位；然後，自信地帶領我們一行十多架單車，從小路走進窩打老道的中線，穿梭於馬路之中。

陳家良這一幕「力壓羣巴」，叫我們這些初學騎單車走馬路的學員感到很震撼！姿態很「man」當然不在話下，他更展示了體積小而車速慢的單車，也能成為道路使用者，與巨大的巴士平等使用道路，而不一定被大車「欺負」，給越線或迫往路邊的坑渠蓋上。

如此搏命又認真，想必家良是拚了命的單車發燒友。「老實講，我以前不太鍾意做運動！只是自從發現單車用作交通工具，為社區、為環保實在帶來太多好處，好嘢無理由收埋，就儘量去做，向人分享。」

用單車去生活，以自己的生命讓更多人能投入這個運動（campaign），於他而言，其實也就如傳福音一樣，都是叫人先在地上預嚐美好的事。

●1 香港基督教協進會普世合一運動青年培育課程，以單車作為信仰的行動反思，探索城市和道路設計的問題，期許人有着健康、自主的生活。

LP 3303

香港對單車代步，一直存在許多限制。看最近推出市場的共享單車困難重重，[2]就不禁讓人卻步。「但當你深信你的改變有價值，行出第一步，就會讓你看到一個新的世界。」

正如他2011年開始在馬路騎單車，為了解決單車代步所遇上的問題，加入各個推動組織，更代表香港單車同盟去立法會發言，[3]又在公眾平台發表文章，並到「輛輛起動——單車工作坊」、低碳騎行者Eco Riders HK及Trial & Error Lab的「信仰與社區實踐共同研習班」等地方教學。「單車牧師」稱號不脛而走。

踩單車的革命路線

踏上「單車牧師」之路，是由一本書悄悄開始。

「由細到大我都不做運動，不跑步、無打波，最多是行山。」自中五開始上教會至大學畢業，他一直埋首讀書及教會生活，當了牙醫一年多，再去進修神學，加入教會做傳道，「我都會踩單車嘅，但純粹是休閒嚟。」

但話說回來，這位文質彬彬的書生一直很關注社會，會參加六四燭光晚會和一些遊行，也支持雨傘運動。「如果掌權者不是從真理出發，我就覺得不應順服。」

• 2 截至2018年4月30日，香港已有GoBee.Bike、Locobike、HobaBike、Ofo、oBike及Ketch'Up Bike六間共享單車公司。

• 3 香港單車同盟，一個細小的非牟利組織，旨在推動香港成為對單車更加友善的城市。

2011年，當他思考如何走出香港社會在霸權、施政失效或資源浪費等困局，讀到龐一鳴所著的《就係唔幫襯地產商》，竟有「叮」一聲的撼動：「一拿起書來讀，不得了，他寫到只要用單車代步，就可以重新討回交通以至生活自主，更可以環保、省時，這些都是我嚮往的。即使當時不認識他，我想也不想，就決定效法，開始踩單車、光顧小店和過環保生活。」

他的生活革命第一步，很環保又惹笑，從一架兒童單車起步。「我拿兒女小學畢業後不再踩的小朋友車，用水喉鐵通改高座位，好好笑！可以想像這架車好唔靚仔，但當時覺得有何不可？用得唔好嘥。」一股熱血，家人朋友也勸阻不了。

從單車初哥變成單車社運推手

練習一段時間，自問技術不差，決定「踩落街」；但一落到街，他就後悔了。

「當真正踏到街上，只懂踩馬路邊的坑渠，汽車貼身地經過自己，很大感覺是『唔掂喎』，不太安全！車很近，司機又不理睬，不讓路，真的很危險。」

他住在土瓜灣，也在那裏上班，其實想環保、想省時，走路上班也可以，「但我就是不服氣，覺得一定有得解決。」

於是，他做大量資料搜集，了解單車如何能夠比較安全地在馬路行走，「在外國以單車代步，方法叫 vehicular cycling 或 bicycle driving。意思是騎單車的人，看待自己為正式道路使用者。但是，在香港這個沒有為單車設想的城市底下，市區沒有特定單車徑，只能把單車視為一般車輛使用，這是法例的要求，原來也是一個比較穩當和安全的方法。」

香港大多數踏單車的人，一是視自己為行人，踏在行人路，另一則是踩馬路時留在馬路邊緣駕駛，不進入車流，「前者違法，也走得不暢順；後者可能令單車車轆卡在坑渠蓋上，導致反車，同時令汽車看不到你。」這兩種方法，他都不贊成。Vehicular Cycling 是把單車踩進馬路，佔用馬路行車線的中間，視自己為車輛，遵守所有燈號及交通規則，但禁止行駛大部分隧道、天橋或高速公路。

他開始學習道路語言，讓自己能跟汽車司機溝通，「當我跟司機都使用同一套語言，就能明白對方，免生意外。最重要是一眼關七，看標誌、和其他司機溝通、按自己能力及信心去踩，大家都有良好的駕駛態度。拿本《道路使用者守則》看看就會明白馬路規則。」

掌握了安全駕駛的方法和理據後，他正式展開這生活實驗，出入都踩單車，每次出發前也規劃好路線，戴上頭盔，小心駕駛，朋友也陸續送他二手單車。

踏進單車代步的世界，他看見的是香港社區的設計問題。「我們的城市為了汽車付出了很大的代價。政府用了全港近四十平方公里的面積建馬路，但私人住宅及公營房屋用地只佔四十二平方公里，怪不得我們居住的空間那麼不理想！」

在實踐這生活模式時，他更看到一種霸權，叫「汽車霸權」。「就像過馬路，馬路兩邊有時有數十人等過紅綠燈，眼前卻只有幾輛車迎來，每輛車只得司機一人。為什麼我們要讓路給幾個司機使用？為什麼汽車使用的馬路建那麼多，人卻只能落隧道上天橋，白花許多時間，但明明前面有路可行？」

還有噪音、廢氣、能源、貧窮等問題，讓他感到這被汽車主導的城市，人受影響的地方實在太多，「我覺得我找到了一條 key 解決城市問題，就是單車代步！」他說時，眼神閃閃，四十多歲的家良，真的霎時青春熱血起來呢。

看過很多資料，發現一些關注單車代步的人若能彼此連結，力量就更大。於是，他慢慢走向公共層面，先在 2012 年於 Facebook 開羣組討論單車代步的建議，同年加入以居港外籍人士為主要成員的香港單車同盟。「我們相信道路不能由汽車作主導，每個道路使用者，包括行人、單車都有公平使用的權利。我加入同盟，一起倡議政策爭取平等路權、跟政府開會，提議加建一條由堅尼地城到杏花邨的海港單車徑。當需要有人做翻譯、見中文傳媒、舉辦公開活動等，我就作語言支援。」

他甚至去外國旅行公幹，都會用單車代步，了解當地的道路設計，然後撰寫文章發表。「我沒想過是否為單車代步花上太多時間。只要有更多人一起改善社區生活，又不影響教會事奉的時間，那就值得。」

單車開啟另一種生活

既是安全駕駛，又為社會為社區做了這麼多，就能成為一個人見人愛的車手嗎？

現實是，熟練如家良踏單車上街，還會給人指罵。「他們常誤解我們在馬路踏單車是玩或做運動。司機最常說，『要玩唔好喺度！』覺得你累己累人。最近就有個小巴司機，開窗伸頭出來罵我，說我阻人搵食，其實我沒有阻礙他們，我用單車代步也是返工，一樣是搵食呀！」

他每次回應還是面帶笑容，「我會告訴這些車主，單車有權使用道路。當我做手號發訊息，又或用語言告訴司機我的想法，大部分都會尊重，因為絕大部分人都是守法的。」我記得他上課時有句金句：「沒有司機想殺死你。」家良笑笑：「對，即使我遇過多不友善的司機，他們也不是想殺死我，最多只是欺負我，例如刻意爬頭越位、響咹等，又或睇住我來迫我埋路邊。」

有時候，罵他的是途人和街坊，指着他說「馬路踩單車，會死人呀」等等，他都會微笑駛過，又或在紅燈時跟途人打個招呼示好，「有些人畀你一個 like，叫你加油，問你去哪裏，送貨伯伯又會跟你打招呼。只要讓他們知道你也是道路一份子，大都會正面回應。」

歸根究底，社會的誤解，源於認為有引擎的車輛才能使用馬路；大家都不相信城市可以有另一種生活的可能性。

去警署，上法庭，為單車的公義

這幾年的駕駛經驗，有讓家良由文弱書生變成真正的單車發燒友嗎？「沒有，我只是用此代步，穿的都是日常上班的衣服，又不是做運動員。」是故認識他大半年，從沒見他穿過單車衫，也沒單車緊身褲，跟坊間的車手打扮迥異，只是頭盔

單車是很容易跟人交流的媒體。陳家良這天巧遇一位大叔，
對方就說：「我在巴基斯坦也踩單車呀。」

安裝了運動攝錄機（action cam）。

「這其實是保障自身安全的方法。」話說數年前，他曾差點給巴士撞倒。「起初想不如算了，反正對方沒有撞到我，後來又想，即使司機沒有撞到我，但他的駕駛態度可能會令別人下次受傷。我要盡公民責任，舉報給警方。為免『口同鼻拗』，那就裝攝錄機，這是重要的證據，要是發現對方刻意危害他人安全，我就去警署報案。」

高峰時期，他一年到警署報案幾次，連警察也認得他，笑說「陳牧師，又來啦？」有時警察也不詳細解釋報案程序，「因為我都知道了。」

面對這個道路單車手，警察們起初都不會應付。「開始報案的那年是 2012 年，當時警察說，『其實陳生你這樣踏單車都不太正確，應該在路邊踩嘛，仲告人？』我會理直氣壯跟他們說，香港沒有一條法例要求單車要踏在馬路邊，單車跟其他汽車都是平等的。」

他頭盔上錄取的片段，真的曾讓違例駕駛的司機成功入罪。「那次在馬頭圍道，有架巴士在我後方，未越過我便已經 cut 線，一直迫我到路邊，但是巴士根本未埋站，明顯是想逼我避他，甚至是傷害我。我去警署報案，上庭指證，控方也播出我的片段。最後法庭判他不小心駕駛。」

家良無法想像的是，司機在法庭上仍不認罪，「他不覺得自己犯法，認為這樣對待單車是對的。即使控告的程序多繁複，我上庭指證他也很值得，這可讓社會少一個危險的駕駛者。」

尊重弱勢的單車，就是尊重弱勢羣體

現在，家良已很少到警署了。「一兩年才要去一次吧，」他俏皮地補充，「我想我也有份教育警察有關單車的法例，現在幾乎沒有警員再質疑單車不可在行車線中行駛。」

或許，香港的駕駛文化已漸漸改善，但對於單車的政策及態度，還是處於起步階段。政府的「單車友善環境」政策只在新界及新市鎮推行，市區用單車代步仍未能普及，「我們跟政府、官僚交過手，他們那種『少做少錯，唔做唔錯』的心態，不願讓市區有單車徑，不讓市民可以安全地用單車代步，是令整個城市落後於世界的原因。」

他最想跟官員以至全香港人來一次單車行。「踏單車便宜，方便又環保，又快又健康，我真的很想跟每個人說，『快些踩啦！還等的士、迫巴士和迫地鐵』？」

他突然出口成詩，「耶穌救罪人，單車救城市，對不對？」大家都給逗笑了，他又再作譬喻，「單車有如一條鑰匙，讓人脫離這個城市既定的生活模式，拯救了城市。我很高興找到這條鑰匙，而現在它就擺在你面前，還不去拿？」

說到底，他關心的不是踏單車，而是城市的問題能否解決，人是否大地盡責的管理者，而弱勢又能否如《聖經》教導般，給好好照顧。「單車這謙卑而安靜的交通工具，在市區被邊緣化的程度，就好比社區中的弱勢被漠視，不住被壓迫。若果一個城市連單車都不懂尊重，莫說懂得尊重弱者，那麼這個城市只會愈來愈不宜居住。」

「我就從衣食住行的行開始，改變城市，讓人知道弱勢的存在。不談啦，要去太子那邊開單車會議了！」搭巴士至少要半小時，會不會遲到？「不，騎車很快，十多分鐘就到。」家良留下了這句話，就騎上單車，絕塵而去。

後記

現時，陳家良擔任香港單車同盟代表以及「輛輛起動——單車工作坊」導師，並在鬧市進行泊單車實驗，長年泊在灣仔的單車，最近被偷去後輪。

《單車代步者的祈禱》

陳家良撰寫了一篇單車禱文，有時他會請學生出車前一起唸，當中有幾句頗感動：

「創造天地的主，我感謝祢造了美好的世界，並把管理大地的責任賜給人類。可是，對不起，因為人類的貪婪及無知，我們濫用了大地的資源，以致大地、空氣也給我們污染了，萬物都一同受苦。

滿有恩惠的主，我們願意在生活上學習尊重祢及祢的創造！主啊，感謝祢讓我們可以用單車這謙卑而安靜的交通工具代步，得以環保、高效率、節約、健康及快樂地前往祢要我們去的地方。

賜我生命的主，正因為香港還未成為對單車友善的城市，就讓我們身體力行在馬路上踏單車，一轉一轉、一輛一輛地以單車改變這城市，讓這城市知道可以如何選擇交通工具，而不需要破壞大地及製造噪音；教我們如何用單車祝福這城市，用寧靜代替嘈雜，用呼吸代替廢氣，用心跳代替引擎，用汗水代替燃料；求祢保護我們，賜我們在路上有平安，救我們脫離危險。

奉主耶穌基督的名而求，阿們。」

老圍林叔叔：

親手為街坊打造一個無污水家園

「一個人為了自己的家園、社區，為了大帽山，付出十年光陰，竟說談得輕鬆逍遙，這種行動者的心理質素，好厲害！」

文—林蕙芝
攝—林蕙芝
09-02-2018

有三百多年歷史、於大帽山山腳下的荃灣老圍裏，有一位林叔叔，為了讓社區保留綠化、鄰舍生活更環保，決心愚公移山，一個人用社區收集所得的物資，為鄰居造出一個濾水池。

「我貢獻少少，或者老圍將來會愈來愈好呢？」林叔叔說。

這是一個私人花園？

這天透過服務老圍多年的社工阿謙認識老街坊林叔叔。與其說是探訪，不如說是郊遊，我們先從荃灣市中心坐十數分鐘小巴，下車後走過十多分鐘的山徑，冬天也流了點汗，才抵達林叔叔位於老圍三疊潭區的家──他居於一間小村屋，屋前是一個佔地逾一萬呎的「花園」，建了六層水池，包括荷花池、錦鯉池，種滿垂柳與果樹，還有幾頭可愛的貓狗走來討摸。雖然設計不及公共休憩設施井然，但也的確是一個讓人能消磨整天的樂園。

如此規模，誰都會以為林叔叔是富翁，擁有一個私人後花園。

「不，其實全是廢物利用，我從村裏各家收集不用的資源，做成一個全天然污水處理系統，過濾自己和鄰居的家居廢水，令大家擁有美好的水源和環境。」

當香港每天人均消耗一百三十二公升水源，生活廢水透過水管流向我們不知道的地方，以為眼不見為乾淨；林叔叔卻一直在想，如何不靠政府，自己把污水收集，過濾並循環到兒時天天玩樂的三疊潭，不讓社區任何一滴水被浪費，「這是我的理想，誰叫我住了這裏近五十年。」

這是由一口涼水引發的夢想？

半世紀在老圍生活，是林叔叔人生最快樂的事。四十年代，他從國內移民來港，跟家人搬來老圍，每天放學就在村裏玩，「小時候雖然貧窮，但村裏的玩樂可多了，放學後還可以去三疊潭游水，當時潭水可以飲，好清甜！」

他說起水的時候特別開心。「小時候跟村中幾家人一起旅行，一人帶一個餅，去城門水塘釣魚，渴了就直接在水塘掬水喝，又係好清甜。」

「長大了出外打工，沒時間再在村中玩了。當看到村中河溪愈來愈髒，想到以前用溪水來煮飯、淋花、洗衣服，就很想讓三疊潭的水變返細路哥時那樣清澈。」

他一直看書研究，當了解到外國沼澤會以植物過濾河水，就想到家門前的空地。那塊地多年來都租給鄰居耕種，後來對方年紀老邁，不再耕種後漸漸堆滿垃圾。「那我不如就做一個這樣的系統，先把我家上面十多戶鄰居的污水，引進我家門前的空地，然後開墾幾個水池，種植過濾性的植物，再把水引回三疊潭，這樣不是能讓大家住得更好嗎？」

終於，1997年，當時四十多歲的他，扚起心肝，把這愚公移山的計劃實踐。

這是一個人可以完成的事？

可以想像這是又大又難的工程。林叔叔先從遊說工作做起，像區議員，逐家拍門分享他的計劃，「我跟街坊說浴室、廚房等家居排出的廢水不會有毒，只是充滿氮磷鉀，經過過濾就是植物需要的養分，不要浪費，大家就容易明白。」

隔離鄰舍認識了幾十年，一早建立信任，樂見有這樣的計劃，「我不需做特別的工程，只需做幾條渠，依照地勢，把鄰居的污水引到我家；他們首肯，我就開工。」他開始收集村中廢棄的建築材料和生活廢物，順着山勢，挖出一個個水池；把山上十多戶鄰居的生活污水，以及山中的溪水，引到第一個水池。

鄰居起初一起幫忙，「我最自豪的是，即使我們只在星期六、日開工，但一個工人也沒聘請，物料也沒太花錢買，幾乎全是廢物利用，靠我們幾雙手做。」

這是完整的生態系統？

工程最關鍵的，林叔叔說不是他，而是植物，「第一個水池的水源是最髒的，只要種滿鳳眼蓮，就能吸收家居污水中的化學物和重金屬，讓水源得到自然的過濾。鳳眼蓮很能適應環境，十分粗生，根部卻很發達。只要種了它就能去污。」

他說時搯了一碗池水給我，色澤果然接近透明。「我去泰國湄公河，看到那裏的沼澤種滿鳳眼蓮，就明白沼澤自我修復能力為何那麼高，而水源都是清澈的。」

第二、三個池，他就用石頭、鳳眼蓮繼續過濾水源，還特地想到，要讓水源在第二、三個池環繞，那麼就可重複過濾。「這兩個池比較深，可讓汙泥沉澱，但白鷺常來玩，把泥踏到四處都是，又要我清理。」他看着不怕人的白鷺，裝作沒好氣的說，「所以未算乾淨的，要引到第四個池塘才成。」

第四層水池是最具規模的。林叔叔特地設計了一個大型荷花池，大概有半個籃球場那麼大，種了楊柳、荷花、水草和浮萍等，也養鯉魚和吃蚊的小魚。「白鷺喜歡來吃魚，魚又吃蚊，又能控制水中的氧氣；同時植物吸收了魚糞鳥糞做肥料，水又被植物過濾，能分解水中的化學物質，浮起來的污染物只靠人手清理就可，水都變得清澈透明了。」聽畢才驚覺林叔叔居然親手做了一個完整的生態系統！

當水再流到第五和第六層，已經達 99% 清澈，最後就引去三疊潭，再到大河道，把淨水還給大自然。

給潔淨的，不單是水源，更是生態和居民的心靈——老圍自此吸引許多白鷺、小鳥和蝴蝶到來，當睡蓮綻放，小鳥鳴唱，人心就舒暢起來。

這可以是社區共享的示範？

從 1997 至 2007 年，林叔叔每逢假日都在這片土地做這做那，漸漸鄰居又忙自己的活，剩下他獨個兒努力，每天都得花一兩個小時打理。

「我常常做這種損己利人的事。幾年前我把家門前開放讓人經過，更親手開了一條小路，可惜多人使用就多了垃圾。沒所謂啦，街坊不用再繞路去後山嘛。」即使眼前的水池令他如此辛勞，他也沒後悔，「我家的污水有幾多？能順便幫到鄰居就好。自己做到幾多就做幾多吧，畢竟清理垃圾是每家的責任。」

對林叔叔來說，家，不止是睡覺和休息的地方，而是社區的一部分。換個角度，整個環境、山林、河溪也是家的一部分。他以這樣的視野，把個人愛護生態、種植和做工程的興趣，變成社區的共同實踐。

如今，他更經常讓導賞團來參觀他的污水處理系統，並分享做人道理，「不論住哪裏，人都要飲水思源呀！」老套？不，其實他心裏更希望老圍這老村，有更多社區內外的年輕人承傳，「我開放屋企，做少少嘢，令老圍愈來愈好，無所謂呀！」其實他為社區做的，又豈止少少？

後記

今天，林叔叔靜居老圍，偶爾也應社區不同的團體邀請，開放家中濾水池供關心社區的人參觀。

EARTH.er：

為地球做有良心的時裝

文—王育娟、司徒咏姍
攝—黃國榮
19-02-2016

「我沒法改變整個行業，但至少能夠做個示範。讓人知道是有其他的可能性。有的。」

EARTH.er 是一間位於大澳小街的本地環保時裝店。

訪問當日是星期三，下着惱人的毛毛細雨。我們一行人，連同拍攝器材，跑到老遠的大澳。由東涌坐巴士，經過迂迴的嶼南路時，已經不期然想：在大澳開環保時裝店，搵到食嗎？

平日的大澳，沒有太多遊客，加上天氣不佳，連叫人坐船去看白海豚的姨姨，也只能有氣無力地向我們招手。我們早到了，店還未開（是啊，是下午三時才開門的），就在附近的炭爐雞蛋仔店邊吃邊等。雞蛋仔伯伯點了煙，一臉悠閒。此時，EARTH.er 的創辦人 Benny 騎着單車，在我們面前呼嘯而過。

這就是大澳的節奏。

一間開在水鄉的時裝店，打算怎樣改變世界呢？

我是地球設計師

「我們叫 EARTH.er，是希望讓人有一種感覺，做一個對地球有責任心的人。譬如我是一個設計師，我會把自己定位為『地球設計師』（Earth Designer）；有些人是老師，教育下一代，他們就是『地球老師』（Earth Teacher）。我想把這個銜頭，給所有關心地球的人，就稱之為 EARTH.er。」Benny 說。

關心地球，與時裝的關係，其實好密切。在「快速時裝」（Fast Fashion）年代，整個時裝工業，是一個很浪費的體系。根據綠色和平的報告，2014 年香港出產了十萬噸廢棄衣物，平均每人拋掉十五公斤衫。「換算」過來，大約就是一百零二件 Tee。「過時了，唔興啦，着上身先知唔襯……」衣服的死因有很多，但不變的問題是：誰可以接收這麼多的二手衫？

又例如，平價衣服品牌的連鎖店，成行成市。一百元一件 Tee、二百元一件褸，我們只顧款式是否靚，卻很少問：「點解件衫可以咁平？」成本轉嫁到誰身上？做時裝用上的人工、水、電，誰付了？又或者問：「他們的製作過程有沒有污染河道？有沒有鏟走森林建大量工廠？」

愈想愈心寒，面紅耳赤。「所以，我其實是很討厭時裝工業的。」Benny 說。

吓？那又做時裝店？「是的，我是可以選擇其他方法，例如加入綠色和平去抗議、做倡議。但我覺得既然時裝業沒有人願意了解這件事情，不如就由我去做和發聲。我希望向業內人士提出另一種生產時裝的價值和態度，同時讓這個行業以外的人知道有人正關注和回應如何生產時裝。」

用慢速時裝，回應速食時代

EARTH.er 的產品都是自家設計，選擇用環保的方式生產時裝，由衣物、背包到鞋子，多數由泰國北部和尼泊爾的村民運用傳統編織技巧，或天然的植物染料，減少對環境的傷害。他們的產品所選用的物料，都對大自然友善，例如：用回收的舊車呔造鞋子，鞋底是由泰國回收車呔的工廠裁切而成，鞋面則是來自泰國北部或尼泊爾的麻布。目前已有一些製成品，正在試用階段，尚待測試結果。「這對鞋十分耐用，是我最滿意的產品。」

其實，EARTH.er 跟大品牌一樣，也是找發展中國家的工人們做貨的。然而，Benny 確保這些生產者，能用自己的技術，賺取合理的工錢。「我下訂單時，很少跟他們討價還價。第一，是因為我訂單少；第二，即使我付不起這個價錢，最多說下次再合作，也不想『壓價』。」

除了金錢待遇合理，Benny 和他的團隊也要學習適應不同地方的生產文化，不希望因為自己是付錢的，就一面倒要求對方跟上他們快速的節奏。「以泰國人為例，譬如你要做十件貨，他們會說只能做五件，不能要求他們多做五件，即使加錢也不行。他們不是懶惰——雖然在香港人的角度，任何一個國家的人都懶惰——他們只是不貪心而已。」

包容小瑕疵，打破惡性生產循環

小店製作，要與當地人不斷溝通，還要適應文化處境，EARTH.er的生產速度自然比較慢，同時亦因為沒有人手、資源在那邊監工督導，三不五時就會遇上生產小失誤。「我曾經收過一批貨，衣服上的『鈕門』做得太小，扣不到鈕。」當天我們幫襯買的一對麻布鞋，就附上一個只有一條繩的麻布索袋作小禮物。「哈，這也是另一個例子，我們明明說袋口兩邊各有一條繩，方便把袋口索起來，最後只有一邊有繩，很難把袋子索緊。」

面對這些情況，Benny在收到貨物之後，就自行安排修改，或者跟顧客解釋是因為人手製造，有一點點瑕疵。他不是沒有要求，反而是因為理解生產者的處境，選擇包容（當然也會向對方提出問題所在）。「大集團經常生產大量廉價衣服，就會壓搾當地的工廠，把生產成本降低，令當地人賺極少利潤，也不重視自己的技術和製成品，只想草草了事。這是一個惡性循環。」

工人於是成了比機器廉價的工具，沒有尊嚴，也沒有機會了解整個生產過程，更遑論要怎樣提升自己的競爭力，要怎樣提升工作品質。「他們不是沒有嘗試爭取提高價錢，只是時裝集團的訂單數量龐大，要是當地人失去一張訂單，隨時影響整間工廠的生計。他們要不面對無訂單的結果，要不就繼續接受被壓搾。」

Benny的訂單雖然少，但給他們尊嚴，希望讓他們明白自己的傳統技藝是有價有市的。「我們有一件用植物染的外套，其中一部分的布料是人手編織，所用的紗線是逐條逐條用人手捲成。那塊布摸起的質感跟用機械編織的完全不同。看着整個生產過程，實在十分感動。」這份感動，他希望無論是生產者抑或消費者都可以感受得到。

落戶大澳社區，縷述小店故事

雖說 Benny 是半個大澳人（自太爺那代已住大澳），只是若想更多人明白環保時裝的理念，照常理，EARTH.er 應該在人流較多的地方開店？但在大澳，以我們當天觀察，平日一天可能只有四、五位客人。「上個禮拜只得攝氏零度（本年度最寒冷的日子），我們索性關門，應該也沒有人來大澳吧。」Benny 也笑說。

這樣好嗎？

「我們做了兩年左右，也曾被邀請在銅鑼灣開分店，但一年後結業，」他回應說，「店員們都表示不喜歡在那邊開舖，因為沒有客人會理會我們的講解。」在銅鑼灣，逛來逛去的都是連鎖店、大品牌、大商場，把小店埋沒在一式一樣的消費模式，反而更容易被忽略。

「一間小小的時裝店，地方淺窄，客人不會有心情或準備聽每件產品背後的故事，而且當他們轉身出去，就有其他時裝店，更加不需要用心聽我們的介紹。」

「香港的小社區愈來愈少，小店都慢慢消失。」Benny 說，「從前在小社區行走，

EARTH.er 會把部分收入助養孩子

會對不同的店鋪多一份好奇心，總會覺得這間小店的魚蛋可能比另一間好味，亦會細心觀察和品嚐。」可是，小社區和小店逐漸消失，換成大財團和連鎖店，我們再也不會期待店鋪之間有差異，因為一切都被磨平統一。

反而是大澳較為緩慢的節奏，放假的氣氛，更適合讓人聽故事，和沉澱想想自己身為「地球人」的責任。

「在週末，人比較多，有些顧客也未必有心聆聽。我們倒比較喜歡平日，因為選擇這些日子到這裏的人，本身就抱着半旅遊的心態，打算來認識一些事情，較願意聽我們分享。我們還留意到，要是店鋪關上一半門，就有很多人走進來一看究竟。」

除了開店，他們也會擺市集和經營網購，這樣下來，還是可以慢慢擴展。「希望我們有更多時間和資源，鑽研一些對地球更有好處的產品。」他說，「品牌也建立了四年，是時候停一停，思考前面的路應該怎樣行，或者要怎樣重點宣傳自己覺得最滿意的產品啊。」

他說的重點產品，就是前文提到回收車呔造的鞋子。大概，做環保時裝，還是需要有車呔一樣的耐力和韌度，才可以再走漫漫長路。

後記

EARTH.er因經歷多次水災，已翻新了店舖，亦不時到市區的市集及賣物會擺檔，並增設了大澳以外的數個寄賣點。Benny也開始在市區舉行不定期環保工作坊，教人把閒置車呔改造成生活用品。

生活書社：大學之外，在一間小店學習生活

文—林蕙芝
攝—黃國榮
19-06-2017

「在街市設一個平台，一手一腳把心中所想的實現，也把學校所學的理論實踐。」

元朗大橋街市，雖說在元朗市中心，但相比起大馬路另一邊的合益同益街市，人流少一點，也沒那麼煩雜。麻雀雖小，卻五臟俱全，樓上還有公共圖書館。「所以，暑假時會見到阿媽帶小朋友去買餸，先把孩子們「暫託」給圖書館，再入街市衝鋒陷陣、張羅三餐。或者，葉泳琳小時候也是這樣的孩子。

「我很喜歡這裏，以前經常跟媽媽來買菜，有許多有趣的人事物，也有許多我過去和現在的生活足迹。」葉泳琳，嶺南大學文化研究系學生，當年跟着媽媽衫尾穿梭於菜檔之間，大概不會想到十多年後，她會在大橋街市「開檔」——開一間售賣二手書和生活雜貨的的小店生活書社。

文青的不浪漫店子

開店之時，她還未從嶺南畢業。「人愈大，愈發現學習不一定限於大學。我想自

己決定讀大學時要學習什麼，於是在街市開一個平台，一手一腳把心中所想的實現，也把學校所學的理論實踐，而不只是在學校、網絡，去講、去批判。」

生活書社在 2016 年 7 月開張，由葉泳琳和她的拍檔鍾耀華營運，主要賣文史哲二手書，和幾十款環保生活雜貨，如月經杯、手造皂等。他們想學習的，是實實在在地與街坊朋友一同過好生活。對自己好、社區好，地球也好。「如此的『學習』，要花好大氣力，」她頓一頓，「累積起來是很滿足，但我很怕別人浪漫化大學生開店。」

是為燈油火蠟、租金人工等等現實困惱嗎？葉泳琳點點頭，指指頭上空盪盪的店舖招牌位，「嗯，一年了，用木頭造的漂亮招牌仍擱在地上，未有空間安裝。開店，一點也不浪漫。」

這三十呎的小店，在云云肉檔、菜店和糧油舖之間，確實看似很浪漫——以廢棄卡板製作的書架，特地去古洞的志記鎅木廠製作的木櫃和木椅，手寫的產品介紹和書評，天花吊了三盞電燈泡，門邊貼着前衛的劇場海報。

葉泳琳強調，他們不是未畢業興沖沖，只顧自己要文青要浪漫，就跑去街市開店。這其實是歷年學生生涯中，累積許多挫敗、思考和行動以後，得出來的實踐。

●1 大橋街市樓上的元朗公共圖書館已於 2017 年 6 月 19 日結業，並搬到馬田路的文化康樂大樓了。

生活書社
新舊書籍·生活雜貨
好西里
水晶肥皂
生活書社

不走社會設定的道路

「在香港，大家習慣想做什麼，也是讀好書、大學畢業。我自小默默跟從這『好』的指標去走，但這些其實都在綑綁我，即使心中有許多想法，也沒有空間安放。」

她第一次覺得「世界擴闊，看到社會的另一面」，是在修讀文化研究，接觸菜園村、保衛天星及皇后碼頭等事件後，多少明白了社會運作，開始沉澱更多想法。她很想行動，就努力介入學界及社會議題，視這些為學習和知識實踐。

「自從讀了文化研究，加上人生的累積，我發現自己有許多想法，於是參加學生會、學聯等等事務。」但是，再多的社會理論和行動，似乎還是沒法解開葉泳琳內心的矛盾，糾結於家人期望，以至大學體制學習的窒息，「我很擔心時間不夠，因為做學生會會長，很可能要 defer，那或許趕不及畢業，我好想讓疼愛的爺爺看到我穿畢業袍。但另一方面，我又看到大學的體制，由揀科、實習、課外活動以至人脈建立，都在訓練人成為目標導向的機器，預備走上社會主流價值尋找出路。」她平靜地回憶說，「當時這些都叫我很矛盾，很躁動。」

到底，學習是為了成為體制的一份子，還是讓我們有能力想像現行主流以外的可能性？到底，我們要走主流的路，還是焦頭爛額地開一條自己的路？

大學二年級那年，爺爺去世，「我突然無晒力去學大學體制內的東西。」大學三年級，她去台灣當交換生，前赴一個全新的空間，過全新的生活，「課堂以外，看到許多香港沒有的事情，例如有人很努力讓原住民過原本的生活，又有許多人開二手書店滋養別人……空間轉變，讓我慢慢靜下來整理自己，有一種頓悟：咦！其實我可以抵抗和解決無力感，自己決定自己的生活，打開自主的空間，不一定要坐喺度，等學校或社會安排啊。」

啊，原來自主，不一定在畢業後才發生。自主，應該是由選擇學習什麼開始。

於是，升讀四年級前夕，她決定停學一個學期，進行自修。「這個學期，我搬到新界東北居住，跟社運中一起爭取公義的居民一起生活，嘗試耕田、煮飯、打理自己。這半年，我才明白自己最想關心和學習的是土地、空間、生活和人。」

在街市為自己開課

叉足一個學期的電，再回到大學，正正經經修讀餘下的學分儘快畢業，不是已經很足夠嗎？「不，我才剛開始知道自己想學習什麼，要拒絕學習什麼。」

當身邊的同學都畢業了，葉泳琳仍在大學讀書，選擇每個學期修讀一至兩科，課餘尋索生活中學習的可能性。「我當然喜歡文化研究，但我最想學做人和生活，這些都要在真實生活中實踐。」看到敬愛的老師如許寶強教授，在課室教授理論以外，實際生活都會把學問「做」出來，例如開設流動共學課室，「社會的確有許多問題，若人人只停留在學校的學習，又或社會批判上，不把理想的那些東西做出來，那是不會出現的。」

適逢她的生活夥伴鍾耀華（就是傘運時的「學聯五子」之一）也畢業不久，當起一陣子記者，心中也有一個開書店的夢想，於是二人決定，不如試試做半個學生/記者，同時做半個書店店長，把心中學習的理想平台實現，「我們都喜歡看書和土地，又愛逛街市；上樓開書店或者付不起租金，但去食環管轄的街市，投一個檔位，租金三千多元一個月，自己親手裝修，還可負擔。」

但不能待畢業後，儲些錢才去實行嗎？

「這原是我們十年後的計劃，但十年可以有太多改變：或者街市已經被瘋狂加租或給政府殺掉，又或者新界土地已經不存在。十年太遲，五年也太遲，為什麼不現在就去做？」

就這樣，她與拍檔共同實踐這個開店的「課程」：木工 101，回收廢木做書架；書本市場學 202，如何挑選二手書；會計 317，怎樣計算小店收支平衡；家政 405，學習用本地菜煮一頓有營養的飯……課號當然是我們虛構，但內容卻是真的。「儘量由零做起，把生活的思考切實去做。」

慢慢地，2016 年暑假他們從開店的緊張和懵懂中，摸索出生活的節奏，「其實開店初期我還要應付土地運動和助選呢！現在安定些了，每天早上起來煮中午飯吃，下午回來看店、入貨、入書、寄貨、招待客人、整理店舖、埋數；晚上不太累就回家做晚飯，或看書，或看劇，或跟鍾耀華思考和討論。」另一半時間，就做大學五年級學生，回校上課、做功課，也去學耕田、參與社會運動等。

成年人最關心，是店舖能不能「維皮」，會否倒閉。「有時來的人不多，我都會很頹，呻一下『這裏咁細，什麼都做不到！』試過有一個月靜得交不到租，也曾經有半個月沒有什麼客人，下個半月客人又多了……但每個月真的差點拿不出租金。」而父母那邊，她會解釋：「我過好自己的生活，也在做對社會好的事，算是回饋你們的一種方式，盼望他們明白現階段我未能給太多家用。」

從最微小的事，學推廣好生活

營運和生活開支，基本上是能夠維持。但不要忘記，他們開店，不只是為了維生，還是學習和實踐。

葉泳琳最希望的是，透過這店改變社會主流那種店家與客人之間，單純買賣和做生意的關係，「我想在這裏自然地跟客人互動，建立關係，讓人明白需要什麼書本和用品。這才是生活，而不止於做買賣。」

我們不時來店，都會看到葉泳琳細心詢問客人喜好；看起來內向的她，沒有世故的侃侃而談，卻有一種青澀的真誠，「以前是運動組織者，要知道羣眾和街坊的想法，大學老師說過，聆聽很重要，要保持對人的好奇心。在店中，就不斷實踐和學習。」

她說，有不少人來不是談書的，而是跟她談別的，「試過有人跟我說很羨慕我有夢想，談到眼有淚光；又有人跟我說自己如何迷茫。我當然明白不能給對方什麼答案，但這些生命交流，也令我想起自己的往事。這些不太具體的片段有很多，都讓我慢慢用另一個角度梳理自己的過去，也學習今天如何跟別人相處，令世界

生活書社
新舊書籍·生活雜貨
共同實踐另一種的生活想像
好西黑

香港手工造
帆布書衣 $75
*可訂製你想要的尺寸、款式
權哥的樹木哲學
天水圍綠色生活手記

開闊了。」

而她身為女生，也很努力推廣心目中的好生活，常在店舖陳列品寫上長長的介紹，向客人推介使用環保女性衞生用品，尤其是環保月經杯（Mooncup），「其實我可以跟隨流行的消費情緒，『食住個勢』去搞 Mooncup 網購生意。但不能啊，我要守住人與人間的互動，我去閱讀你，你又閱讀我。這樣才是人與人之間的真實生活，而不是沒有人的情感，異化了的關係。我也用上許多時間，才學習到這些啊。」

於是，當客人逼不得已，不能來店舖購買衞生用品，對「客戶服務」毫無經驗的她，選擇跟客人用 WhatsApp 交談，甚至手寫一封封長長的信給客人。「寫一封要一個小時，已經寄了幾十封信，談的是我們對生活的疑問和感覺，以及開生活書社的想法等等。我深信許多事情，甚至是生理期，我們都可以彼此交流和學習過更好的生活。有時不獲回音，也會傷心……但也有人用心回覆，成了朋友。」這些她都視為一種做人的學習。

「我們資金有限，只得兩個人，加起來才是一個全職店長的時間；如果一味想快點賺錢，那這些微小的事就會被擠壓掉了。」

他們又嘗試突破小店三十呎的界限，逢星期六晚帶二手書去元朗某些地點擺地攤，「因為開店後令我們觀察到生活的許多可能，有許多念頭想去實行。好像我們想把跟人交流的平台延伸至社區，於是去擺攤，自由定價的賣書，跟街坊談天，不然邀請他們一起擺檔。最近有兩個街坊一起擺檔，賣他們自己做的袋和畫，都跟我們一樣，在與人交流生命故事啊。擺檔很累，但能閱讀各式各樣的人，經歷許多相遇的故事，我覺得好像耕種，是一點一滴在社區種出實在的東西。」

這個月，她交完功課，算是從大學畢業了。

但店長這門課，她會繼續學習，「每個人不論幾多歲，都可以是一個學生；大學以外，生活每一個場景，都是一個戰場，都是一場學習。所以，我不會局限自己是什麼身分，我也會同時探索，如何用店長以外的另一半時間，去學習另一件事情。待有成果再告訴你啊。」

「不論是許寶強老師做的事、我和鍾耀華做的事、社運和關注土地問題朋友做的事情等，不會是孤單的平行線，彼此的人生和學習經歷，都會交織一起，成為一張有韌力的網，令社會更好。」

這張學習的網，其實我們都可隨時加入，對嗎？

後記

生活書社在 2018 年初搬離元朗大橋街市的店舖後，4 月底搬到元朗鳳攸北街 5 至 7 號順豐大廈 39 號地舖，店主葉泳琳與拍檔的理念繼續在生活延展。

德昌里三號：

一個人搞社區中心？

「德昌里三號就是一個實驗，看一個人可以做到多少。」

文—司徒咏姍
攝—黃國榮
11-04-2016

德昌里三號，其實是什麼呢？即使是老闆麒麟球（這是老闆的名號），一時三刻也沒法說得好清楚。

是一間自由訂價咖啡廳嗎？

「嗯，我會沖咖啡給人喝沒錯，但又不一定會沖。」

是一間自由訂價餐廳？

「我會煮東西給人吃，但，又不一定會煮。」

是一個自由工作室？是一個二手衣服交換場？

「嗯……好像全部也是，又好像不是。是一個人搞的……嗯……社區……」

社區中心嗎？

「幾好幾好！就是社區中心！」

但社區中心會搞活動、有康樂棋，有社工。這裏都沒有。這裏有的，或許，是自由和豁然。

「我個名『麒麟球』，就是『求 X 其』倒過來說。」麒麟球說，「香港人，有時就是太過緊張、太計住計住。我想提醒自己又提醒大家，放鬆啲啦，做番自己先啦。」

德昌里是一條掘頭巷，而德昌里三號，就是一個黑色門面的地舖。若不細心留意，很容易錯過這間被媒體稱為香港版「深夜食堂」的自由定價小餐館。「深夜食堂……如果有人預約，我都會開的。有次有幾個人，約了晚上十一點才來吃飯，吃完後一直在店內傾偈，我聽下聽下，差不多凌晨四點先打烊。」

麒麟球常說，自己其實不懂烹飪。2015 年 2 月開始租用這個地方，也沒想過會變成一個社區食堂。但一步又一步，他試下試下，就走到現在。

「最初租這個地舖，只是想有個空間，可以讓人得閒來喝喝咖啡，傾下偈。」你似乎好喜歡沖咖啡？「係呀，我鍾意飲咖啡。對好多香港人來說，飲咖啡代表去大財團、連鎖店叫一杯好貴的咖啡，然後影相打卡放上網，但我去旅行時，發現在其他咖啡文化濃厚的地方，咖啡是要慢慢歎、邊飲邊傾偈的。我想香港有一個空

Opening Soon

MENU
There is no menu.
Please leave it
to us.
Thank you!

間讓人可以抖下、休息下。」

後來，客人說想吃點簡餐，麒麟球就試着做沙律、多士；再後來大家說要吃晚飯，他又研究餐單，有湯、有前菜、主食，很華麗的私房菜。麒麟球會告訴客人用了多少錢買材料，再由客人自由定價，享受一頓盛宴。「其實我都唔係好識，都係做吓學吓。」他一臉泰然，笑笑。

由港豬開始的覺醒之旅

麒麟球不是天生就如此泰然輕鬆的，甚至連他也從沒想過自己會成為社區空間的營運者。「我本來是一隻港豬，」他說，「一隻不問政治的港豬。」

他是一間多媒體公司的老闆，會接印刷、拍攝和活動籌劃的工作。「叫做『Corporate Information Solution』，總之客人想做推廣，就想辦法幫他做。」

「我有自己公司，是商人。商人是永遠不會和政府作對的，乖乖交足稅，唔出聲。覺得個世界好，自己就好。」2014年，佔領運動由金鐘擴展旺角，麒麟球第一次走落街頭，聽社運人士的聲音。「是那些強烈的佔中畫面叫我覺醒。」

是佔領讓你明白民主、社區的重要？他笑笑，說：「我們返工之嘛，邊會明咁多嘢呀。好多是是非非、理念什麼的，點搞得清楚。但總之一句，你打嚫仔就唔啱啦。他們有幾壞都毋需要打，用法律制裁。突然覺得，點解香港會變成咁？本來好自由，全亞洲最勁的城市——可能自己鍾意香港，成日覺得自己勁啲——我哋又識諗，轉數快，又醒，應該是一個很繁榮、好好的城市。」

「突然醒覺，我哋呢一輩，讀完書好耐，出來工作好一段日子的人，原來咩都唔知，反而要班後生去頂。咁下一代點算？這樣的環境、租金、制度，佢哋可以點？這才開始反思，會唔會為社會做啲嘢，又唔會太辛苦——因為我又唔係真係好捱得。」他一口氣說。

一個人、一層樓，可以為社區做什麼？

「突然」、「突然」，似乎是一瞬間的覺悟，帶來的卻是很徹底的改變。

佔旺期間，麒麟球從不同人口中聽過油麻地這個社區還保留許多特色，也凝聚了一班在社會運動走得很前的人，於是開始了解這個地方。「我以前是灣仔街坊，我好鍾意舊區的。哈，我住的地方就是現在的囍歡里（即利東街）隔離。以前行落街市，好似人人都識，人人都會打招呼，鬼佬又好、阿婆又好，都會傾兩句。好啦，重建開始，搞到烏煙瘴氣，他們起樓要不斷用水，搞到啲舊水喉爆晒，咁大家咪走晒囉——淨番啲大陸炒家。」

「我親眼見證一個社區點樣解體，」他說，「就會諗，一個人可以為社區做什麼呢？德昌里三號就是一個實驗，看一個人可以做到什麼。」

這一個人，做的第一件事，是賣了自己正在供、在灣仔的那層樓。賣樓，搞社區？會不會太戲劇性？

你無咗層樓喎？「我無咗層樓要供喎！你估差餉、管理費、維修費少呀？」他說，賣樓之後有一筆錢，德昌里三號未來兩三年的租金不用太擔心，反而更能夠放手去試。

他的第二件事，是放下了設計公司。「我間公司還在，不過不是以往的規模經營。經營而家會揀客，一來沒有時間做，二來去完佔旺之後，會覺得一方面我鬧地產霸權、壟斷，但另一方面又幫他們做宣傳、賣產品；一方面氹人買嘢，另一方面又同嚫仔講，係啦，佢哋唔啱啦，咩咩咩……」

「點講呢……好分裂。」他說。

當他把重心移到德昌里三號，似乎就一步一步地看見自己可以做什麼。先是由咖啡室，慢慢轉變為社區的「深夜食堂」，大約半年前，又出現了另一個新空間。

凝聚更多可能的德昌閣仔

「其實都是因緣際會的。我有時在德昌里三號放一些電影、紀錄片，又有空間給大家做二手衫交換，但那地舖實在太細。坐三、五、七個人已經爆滿，所以就想，不如多找一個大一點的空間吧。」

與此同時，他在一次社區活動中，認識了大狗。她的夢想是做紋身師，卻苦無空間做工作室。「大熱天時，她坐在垃圾桶旁邊寫生，好辛苦，我叫她入來坐下，飲杯咖啡。後來傾偈，知道她的夢想，就諗：好呀，有夢想就應該去做。」

剛巧，德昌里三號不遠處有一幢唐樓的閣仔放租，麒麟球索性租下來，命名「德昌閣仔」，不收分文讓大狗做工作室，兼幫他看門。平時又會把二手衫放在閣仔給大家自由交換，電影會也移師那邊舉行。「原本賣樓的錢可以捱兩、三年，而家租了這邊，就得返一年多貨仔。」他說，「但空間大了，可能性就更多。可以開放出來，讓更多人來吃飯，可以做小型 event，可以放電影，試過有剛出道的音樂人在這裏搞音樂發佈，週末又可以讓人學打銀器，當然也可以讓大狗做 tattoo workshop。」

德昌閣仔大部分時間，是自由訂價空間。只要是與藝術、社區等有關的活動借場地，麒麟球說也是隨心消費。「試過有義工團體，上來借場學 Ukulele，準備之後做社區表演；又試過有 cosplayer 上來這裏，一起傾車衫，分發剛買來的布匹。我都無所謂的，求求其其，每人要罐可樂都得啦，隨心啦。」（如果你是包場慶功搞生日派對，那當然是另當別論。）

漸漸，德昌里凝聚了一班想創作、想試新事物、想為社區做點什麼的朋友。

喚醒港豬朋友生活的選項

「老實講，如果你說我是『社區食堂』，又好像不是。這附近的老街坊、婆婆公公，會喜歡喝咖啡？會喜歡換二手熱褲？」麒麟球說。

他認為他所做的，只是開放了一個空間，讓這附近的嚫仔可以有個地方，試試做自己想做的事。「特別是做藝術的，香港可以讓他們專心創作的地方實在太少。

紋身師大狗在埋頭設計新圖案，後面貨架放滿其他藝術家、手作人的寄賣作品。

我所講的『藝術家』，不是平時放假畫兩筆那種，而是每時每刻在畫的，好似她。」整個訪問過程，大狗都在後面的工作枱不停畫畫。

另一件他覺得好重要的事，是透過德昌里的故事，讓他身邊的「港豬」朋友知道，這樣生活也是可能的。「我的港豬朋友知道我搞這邊，通常都說：『呢條友係咪黐X線？但佢又好似黐得幾開心喎。』哈哈哈哈……」這幾年面對成本上漲、制度改變、經濟轉差，好多像麒麟球一樣的中小企商人朋友都承受着很大的壓力，他們想變，想為社會做一些事，又不知道自己可以做什麼。

「香港人會上街會佔領，但大家一回到工作崗位，就不記得自己在遊行時支持什麼反對什麼。他們會說，『你唔做，大把人都會做啦』，又會覺得一個人可以做到幾多？力量太少，無意思。但如果，過些日子，他們見到我都做到，希望可以推動他們都試。」

試什麼？「試下一個人，認認真真為社區做一件事，試下自己可以行到幾遠。」

那麼，你一個人的社區實驗，怎樣才算成功了？你想行到幾遠？「呀，我不知道怎樣才算是成功。但我知道，如果一年半之後，我無錢做不了，那就是失敗。而失敗，不只是因為我不夠叻，可能是香港的人，真的未去到明白社區、開放的意義。」

「但是如果可以走下去，不斷有變化，我希望會有更多人試吓，做回自己，為大家找回生活。社會上比我有能力的人多的是，我們是可以一齊做到的。如果大家不看輕自己所做的『少少』，香港是不是會有一個新局面呢？我們是不是不只行商場、食連鎖店，會不會有更多自由定價小店或者交換服務？到時可能我們不再需要依賴貨幣，又或者，最簡單是大家不用返工至天光先回家。」

好宏大的遠象啊，是嗎？「其實，我在其中，不覺得是一個很巨大的轉變。我只不過想做回自己想做的事，大家也做回自己想做的事而已。」

後記

德昌里三號的自由定價小餐館已於 2017 年初結束，但門外的社區雪櫃繼續讓街坊自發運作；而德昌閣仔則仍由麒麟球獨力租用，作為共享空間。

John Erni：用文化研究跟少數族裔同行

「理論和行動，其實是互相滋養的，多年的研究，最終還是要放到每一個受影響的人身上去理解。」

文—林蕙芝
攝—林蕙芝
19-04-2017

John Erni，一位自詡「擁有時尚頭腦的文化研究教授」。

最初認識他，是在書局捧起《透視男教授》一書。身為作者之一，他與另外三位男教授討論時裝、時尚、文化、歷史與學術的關係。無論書名、內容和圖片都超有趣，一讀就不想停下。後來又發現，他一早就在網媒專欄「RRS605」，撰寫解讀時裝文化與歷史的文章。

這位外型翩然的時尚男教授，去年某天現身我們工作的機構，分享他與少數族裔的關係。內容大抵忘了，只記得他穿上好看的貼身西裝，配上顏色相襯的袋巾。當談到居港少數族裔的難處，他皺着眉頭說，「若你也是少數族裔，面對過這些困惑，也看到少數族裔年輕人如何絕望，不得不想做點事情。」

「亞洲國際城市」——坦蕩蕩的種族歧視

「要講香港的少數族裔，你們一定要找 John Erni，他真是『摺高衫袖』，落水為少數族裔朋友出心出力的人。」不止一個跟少數族裔共事，又或參與多元社區營造的朋友如此說。於是，我們到訪位於香港浸會大學人文及創作系的 RRS605 辦公室幾次，叩系主任 Professor Erni 的門。

「我是多國混血兒，我的爸爸是西班牙加菲律賓人，媽媽是中國 mix 越南，所以我英文全名是 John Nguyet Erni，也有中文名，叫陳錦榮。」他不在香港出生，但自幼隨家人來港生活。身為移居者，小時候已感到自己一家跟華人主流社會的習慣迥然不同，「例如大時大節，爸爸會帶我們去鋸扒，而不是吃中餐，心裏總覺得自己跟別人不一樣，常會問『我是誰？』不過農曆新年時，我又會照收利是。哈哈，要入鄉隨俗嘛。」

中學畢業後去美國求學，當地的多元種族文化與歷史，讓他更深入了解，一個社會因不同膚色與血統所建立的面貌，竟是如此豐富。十二年前，帶着文化研究的博士學位從美返港，「或者因為在美國那邊已經生活逾二十年，我回港後對於社會主流對少數族裔的歧視，變得很敏感。」

「香港稱為『國際都會』，原來那只是口號；實際上有幾多人在香港有外籍朋友？上課或工作之外，哪有機會在社交生活講外語？有幾多香港的大學生會跟交換生成為朋友？我們是否懂得與不同國籍的人相處？」

他最難接受的，是華人對於南亞裔人士的誤解與歧視，多年來沒有改善，跟他小時候看到的情況差不多一樣。例如在升降機有一個包頭的印度人進來，他發現幾乎所有華人都寧願出去，不想跟這人處身同一空間；又或在地鐵車廂，一旦有南亞裔男士坐下，無人想跟他同坐。「我相信這很大部分跟香港教育一直沒有觸及少數族裔有關，讓香港華人對於這 8% 的居港非華裔居民，[1] 認識極少。」

少數族裔青年人，行人止步的青春

Professor Erni 返港後進入學院工作，當上老師。同樣留意到除了交換生，大學的南亞少數族裔學生人數極少，跟美國的大學有很大差別。「今天香港的華人學生，要考進大學已不容易，但一羣香港 EM（少數族裔，Ethnic Minorities）少年人，更難考入大學。他們最大的障礙，是香港中學文憑試（DSE）中文科考試，政府推行母語教學政策時，並沒有充分考慮對 EM 學生的影響。什麼是他們的母語？絕對不是中文。」

這些非華語學生在家並非使用中文跟家人溝通，學校未必也對他們有特別支援，於是學習中文變得困難重重。他們由小學開始，就因應付中文授課令學習表現被拉低；小學成績不理想，竟然又因此只能進入用母語教學的中文中學……就像進入死胡同，成績每況愈下，學習興趣愈來愈低，更遑論能考進大學。

單憑「勤力啲」、「練多啲中文啦」，很難解決這樣的惡性循環。

最痛心的是，當他親身去接觸這羣孩子，發現他們的青春在十七、十八歲就戛然而止。「他們在香港讀畢中學，因中文不好，無緣升學，不能再過學生生活，要做成年人，去上班。他們只有中學畢業甚至更低的學歷，加上社會對 EM 的歧視，叫他們如何跟華人年輕人競爭？如何再有理想？部分較富有的 EM 可在香港讀名校，補習中文，不考 DSE，畢業後到美國或英國升學，或者回去跟鄉里結婚，但要知道香港大部分 EM 家庭都來自基層，學業與夢想對他們來說是遙不可及。」

他聽過曾有學術界的人說，「EM 的中文程度那麼低，對於學習會產生障礙，影響大學（整體）成績」云云，他認為這是自相矛盾的說法：「大學不是也向不懂中文的外國學生招手嗎？」

「從外國回流的孩子，又或國際學校畢業生，可以不看中文成績，又或中文成績要求較低，也可考進大學；這是一種階級歧視。」

必須用雙倍力量，證明自己愛香港？

歧視，不僅存在於教育制度，也存在於一種完全以「華人」、「香港人」身分為中心的想法。他用我們熟悉的喬寶寶，說出在熒光幕外看不到的故事。

「喬寶寶是成功打破 EM 在香港工作常規的典範。他在主流媒體能夠立足，而且還是『幾入屋』的印度人，十分成功。其實他曾有抱怨，自言要非常努力經營，才能在一個很狹窄的立足點生存。」那立足點，就是不斷飾演一些典型的南亞裔

• 1 資料來自 2016 年中期人口統計。

人士或搞笑角色，例如咖喱餐廳東主、保安、瑜伽導師或匪徒等。在某些角色中，例如電影《2012 我愛 HK 喜上加囍》，他更要「超誇張」地說自己愛香港，重複稱自己有多「I love HK」，「他要這樣才能被觀眾認受，甚至在娛樂工業上，也要帶着這種態度跟監製交談，就只差跪拜對方！喬寶寶不諱言，平日跟華人談合作，同樣要誇張地有禮，才能談得攏，擁有工作機會。」

Professor Erni 指，這現象稱為 double prove，即是少數族裔須加倍表示接納主流文化，方被接納。「他們要比別人叻一倍、好一倍，又或搞笑一倍，幽默一倍，才能跟主流接軌。」這其實是一種歧視和不平等的社會現象。

Professor Erni 常聽到香港華人說，「他們在香港不開心或不適應，返老家咪得囉！」這句話令他更為氣憤，「我真是覺得很可笑，什麼是老家？哪裏是老家？EM 由零歲至今，唯一認識的地方係『呢度』，是香港。要他返印度，他真的不能適應；請他回巴基斯坦，那亦是他完全陌生的國家。除了他的樣子似印度或巴基斯坦人，他整個人性格、經歷、世界觀都是來自香港。」

或許，假如要 Professor Erni 回去老家，也是一個難題，這讓他感同身受。「這種說法非常無知。香港就是 EM 的老家，假如要你離開香港，去別的地方，你也會很迷失。EM 亦然。」

記錄、研究，為少數族裔公平發聲

學術界和社會主流對南亞少數族裔的不平等對待，推動他的研究工作，「加上我

Understandin
South Asian Min
in Hong Ko
Visuali
Emotio
Minori
Feeling Ethnic
若隱若現
陳錦榮
認識香港
南亞少數族裔
陳錦榮
梁旭明
中華書局

讀文化研究，本身就是偏向站在弱勢社羣那邊，這漸漸推動我走向把居港少數族裔作為研究方向之一。」

他先後做過多個關於香港南亞少數族裔的研究項目，也出版過幾本著作。別以為學術研究只在象牙塔中閉門造車，「文化研究的目標是把人們對於文化、生活的典型認知摒棄，所以我們做研究，一定會走入生活，去不同的社區和羣體，上至平等機會委員會與融樂會，下至小型的社區組織也有接觸。雖然最後呈現理論的方法是學術的，研究過程必須走進生活，跟研究對象一起，關心他們所思所想。」

香港現存有關少數族裔的文獻或研究並不多，也屬於冷門的題材。Professor Erni 這些論述和著作，正正讓香港社會少數族裔的各種狀態被詳加整理，賦予框架，並定義他們在香港的文化和身分，不讓他們在香港社會的歷史上被隱沒。例如《認識香港南亞少數族裔》一書，[2] 內容包括研究居港南亞裔人士歷史、傳媒對南亞裔人士的呈現手法、南亞裔孩子的學習經驗、南亞裔小型店舖等等的學術研究整理，都用上淺白的文字，深入淺出地探討香港南亞族裔在香港的種種，可說是少見的「南亞裔在香港」的全書，能為他們公道和持平地發聲。

身體力行，倡議修改考核政策

學術以外，Professor Erni 亦落手落腳做政策倡議。在學院中，他建議大學另設基制收取南亞少數族裔學生，「我們正研究如何讓大學收生部門，使用一個特別的中文測試作為考核，測試的程度將較淺白。若然實施了便可擴闊收生，讓優秀的非華語學生入讀。我知道不止浸大，嶺南大學（他之前任職的院校）也正準備推行。」

但最瘋狂的，莫過於他為研究香港少數族裔的人權和法律，在忙碌的學術研究外，數年前還在工餘修讀了一個人權法的法律學位。「是辛苦的，但這對我做 EM 的研究很有幫助，也能讓我好好理解 2009 年生效的《種族歧視條例》立法後可以保障 EM 的權利和案例。要知道這法例是香港社會對於 EM friendly 的一個開始。他們的小朋友在學校，或自己租屋和就業上飽受歧視，以前是沒辦法的，現在則知道即使是社會的少數也可爭取公義。」他用他的法律知識，讓研究更為精準，「例如有了這條歧視法，我發現投訴個案數字飆升，即說明 EM 開始察覺他們的權利，而他們也不再啞忍，知道自己在香港同樣受法律保障。」

他更讓香港的學生接觸他最喜歡的議題，「我每年都會在大學教一科 Race and ethnicity。香港由幼稚園至大學，也沒有獨立科目針對少數族裔的身分、歷史及文化，那就由我來！」

離開 RRS605 時，我們滿足地捧走一堆 Professor Erni 所送、他曾參與的社區計劃的出版物。他已踏入以少數族裔作為研究對象的第六年，即使繼續開展各種研究項目，依然在課室以外，熱情地穿梭各個少數族裔的社羣和活動，跟研究對象一起。「研究少數族裔，是不是同時讓你去了解自己？」他對我們的提問只笑而不語。

後記

Professor Erni 現職香港浸會大學人文及創作系系主任，並為馮漢柱基金全人教育講座教授。

•2 《認識香港南亞少數族裔》為陳錦榮與梁旭明合著，2016 年由中華書局出版。

大澳文化工作室：

元祖級社區故事館

「我們要保住的是一種『生活』，是人在一個社區的生活、人際關係。人跟大自然，人跟歷史，人跟這個地方是有關係的，這才是重要。」

文—司徒咏姍
攝—黃國榮
11-08-2015

第一次來「大澳文化工作室」，是十多年前。當年大學未畢業，因為要完成一份功課，坐了兩小時車，到大澳永安街找黃惠琼「琼姨」做訪問。

訪問內容，功課成績，全都忘了。只記得琼姨是個笑聲爽朗，說話豪氣的揚眉女子。印象中，那是個資訊很多、很豐富的訪問。

十多年後，我們採訪過幾個社區故事館，突然想起，香港的第一個故事館，其實在那路途遙遠的水鄉。談社區營造，談逆權師奶，實在不得不到訪這個元祖級的故事館——大澳文化工作室。

「嘩，我十四年來應該幫了過千個中學生、大學生做 project 交功課，唔記得邊個打邊個了，」琼姨笑笑，「我都由二十七歲抗爭到五十七歲啦。」

到底十多年前搞社區故事館，跟現在有何不同？琼姨做了這麼多年社區工作，有沒有秘笈分享？

由拖地到籌期，一手包辦的館長

大澳文化工作室，2001 年成立，由大澳居民黃惠琼創辦，是香港首個關於社區故事的民間博物館。「你見過一個館長，又要拖地，又要掃地，又要籌錢，又要交租，又要看檔案未？你未見過吧？」琼姨一邊在館內的廚房拖地，一邊說。

訪問那天是星期三，炎夏，已下了一星期雨。這天算天公造美，只是毛毛細雨。「一下雨廚房就漏水，我們不能開放。」為什麼？「如果有人跣倒點算？我們怎賠得起？」

「我們這裏不能買第三者保險，因為大部分的展品都超過一百年歷史，保險公司不受保的。」她說，繼續行出行入，忙這忙那，「不開放，是要保護琼姨。」

但不開放，沒人買書、買明信片，就沒有收入。每逢夏天 5 至 9 月，不時打風落雨，那都是文化工作室的透支期。「每年都是這樣的。唯有其餘七個月很努力很努力籌錢。其實琼姨很感恩，這博物館搞了十四年還沒有塌下來，在香港來說已經是奇蹟了。」

「沒有人、沒有政府、沒有財團、沒有外國勢力來支持的。不過，最重要還是屋主每個月只需要我交六千元租金。如果加到一萬元，我就不可能那麼囂張了，你說對不對？」

創館十四年，除了第一年有一個外國社區文化基金會提供「創業基金」；十三年來琼姨都一直是自籌租金、自己營運。政府不是沒有向琼姨招手，只是他們的處理還是很「離地」。「我在 1999 年寫書向政府建議，在大澳開辦鹽業博物館，但他們認為沒有這個需要。政府叫我捐大澳的文物去位於沙田的香港文化博物館，做一個『大澳閣』。但我覺得，那些東西離開了大澳，就沒有生命力，沒有歷史，沒有意義了，所以就堅持（不捐）。」她說，「最終是你有你堅持，政府有政府不管。」兩年之後，琼姨索性自己開館，自己講大澳故事。

「當然，現在回看，政府不管也有其好處。反正上帝安排的，人真的不知道。」身為基督徒的琼姨說。其實，這年頭作為社區營造者，大家心底都希望政府不要管。它一管，一灑金錢，各方區議會就開始用由上而下的方式「打造」自己社區。這麼一搞，輕則浪費公帑，重則把社區特色完全抹殺。單就大澳而言，就曾經有不少令人摸不着頭腦的建設計劃。

2000 年，政府提出想將大澳變成一個商業化的主題公園，曾經說過要把棚屋拆掉，改成馬來西亞式、緬甸式的渡假屋和商舖。「很不幸地，那年大澳發生大火，燒了幾十間棚屋，但亦很幸運地，這令各界關注棚屋對香港歷史、漁民歷史的重要，這計劃才不了了之。有時，真是塞翁失馬。」

CAUTION
WET FLOOR
小
地
滑

2015 年 3 月，政府和部分議員重提要「改善大澳」，以不同的工程，把大澳打造成「水鄉」，包括擴建大澳的巴士站，建一個入口廣場，成為大澳地標。「之前的構思是，要建一個廣場，吊一些假的鹹魚，建噴水池、石刻。你以為這是羅馬嗎？」琼姨沒好氣地說。

不需要註解的日常故事

政府不明白的是，像琼姨般的社區營造和記錄者，要保留的不是一件、兩件有學術價值或歷史意義的文物，或是純粹把一個舊社區變成一個有新鮮感的遊樂場。

他們想做的，是在日漸單一的社會環境中，保存每個社區獨有的生活模式、觸感和身分。長遠來說，只有保留香港的多元化環境，才能吸引更多人來了解我們的文化。「我不知道是不是你們現在受的教育，令你們覺得保育，就是要保育某幾樣文化，某幾種特色。琼姨下個月就五十七歲，我真的在大澳住足五十七年。我覺得我們要保住，是一種『生活』，是人在一個社區的生活、人際關係，人跟大自然，人跟歷史，人跟這個地方是有關係的，這才是重要。我們好着重文化承傳、保育和藝術，全都是源於生活。」

所以，文化工作室展出的，大多是很日常的用品，有很平實的故事。上百年的埕埕甕甕，漁夫用了幾十年的魚網、舊扁擔，五、六十年代的茶杯碗碟。

「這裏有七成的展品都是老公執返來的，所以我好多謝他，」琼姨每次提起先生都笑得很甜，「我最怕污糟，但他不怕，人家不要的東西他就執回來，洗呀擦呀。」過百年的埕，五、六十年代的食用器皿，漁夫的網，老款式布匹，全都是靠撿的，或是大澳村民送來保存。「我這個展館，無特定說收集什麼，收到什麼、執到什麼，就放在這裏，因為全都是大澳的。有人曾跟我說：黃惠琼，你個博物館都無註解，無中英文。」

環顧四周，是啊，真的沒有太多註解。即使是牆上展出，香港早年攝影記者陳迹先生的照片，也沒有太多註腳。

「我覺得唔需要，因為來工作室的人，不是歷史專家嘛——你們應該都知道這些是生活物品，砂煲罌罉，芝麻綠豆。後來，灣仔的藍屋故事館（現稱香港故事屋）籌備時，問琼姨擺放和收集展品的心得，我也只是說：所有由大澳收集的物品，對居民有意義的，都可以展出，不用計較值幾錢或是有沒有歷史意義。」

琼姨對文化工作室的定位很清晰，它不是學術紀錄，而是一扇窗口、一個引言，讓人可以再深入認識大澳。她建立的社區故事館，重點不是有多少展品，而是建立一個空間，「讓在地的居民有故仔講，讓外面的遊人有故仔聽」。

她笑笑：「唏，人哋入到大澳，都要有個落腳點傾吓偈。唔通去琼姨屋企咩？」

大澳本身就是一個博物館

「而且，大澳本身是一個宏大的博物館嘛。」琼姨說，很用力。

「我們有四間古舊廟宇，從明朝到清朝，有關帝廟、侯王廟、天后廟、洪聖古廟，有六十公頃紅樹林濕地，有鹽田演變成的稻米田，有六百幾間水上棚屋，有政府在1980年建只有三層高的公共房屋。無論你是讀文化研究、通識、地理、畫畫、攝影，任何學系，社會應用科學、新聞及傳播，在大澳都能學到東西。所以，這十幾年間，有很多學生來大澳考察，這是一個學習的地方。」

「還有啊，由1953年直到現在，有十三齣香港電影、兩齣無綫電視劇，在大澳實地拍攝。我們看明星都看光了。」琼姨笑笑說，「以前的靚女夏夢在六十年代曾來拍電影，甄子丹去年拍《一個人的武林》時名氣已經響噹噹，又國際什麼的，又不知拿什麼獎。梁朝偉就是1992年來拍《哥哥的情人》，我當然有去看明星，還有黎明的《不死情謎》，周星馳的《龍的傳人》。就是因為大澳獨有的社區形態、鄰里關係，吸引了許多本地和外國的電影人取景，為大澳做了社區記錄，反映了不同時期的大澳。」

這些資料不是琼姨去電影資料館找出來，而是她身為大澳人，親眼與社區共同經歷的自豪故事。大澳文化工作室的意義，就是作為橋樑，把這些故事逐少逐少，與香港人，甚至與世界分享。「如果要講大澳的故事，一間小小的博物館又怎講得完。」

故事以外，琼姨覺得更重要的是，大澳給香港人一個機會，由單一的城市生活走出來，經驗不同的步伐。「大澳提供了一個避風港給香港市民，大家平常很忙碌，讀書忙碌，做嘢忙碌，同朋友、同事、老婆仔女一齊嚟大澳行吓，hea吓，食吓，是其他地區沒法給你的經驗。」就算不少大澳第二代人，已經出了城市工作，週

但願人長久每本書售價

美丽大澳!
ありがとう. 美しい大澳.
ARGENTINA
14-05-15
An Excellent Place to visit!!
I'll visit Tai O!!
MATS

末還是會回來，練龍舟，在棚屋門前用舊洗衣機作燒烤爐，一家團埋燒雞翼。「小朋友放暑假，一定會回來爺爺嫲嫲家，唔駛做功課，又可以通山跑、踩單車，幾開心。」

「所以啲人常常問我，大澳有咩好嘢食，咩特產？我話大澳無乜特產，無乜話好特別嘢食。但，你唔會在彌敦道食麥芽糖餅，唔會在尖沙咀攞住個茶果來食，這是一個特別的社區，可以讓人慢下來。」

我不是要保住工作室，我要保住大澳

十四年來，眠乾睡濕的經營文化工作室，琼姨只有一次想過就此關門，撇下不做。2008年，颱風黑格比吹襲，大半個大澳被水淹了。「如果你在2008年9月24日跟我一起開門，你應該也會想放棄。除了這牆和一些鐵架屹立不倒外，所有東西都掉在地上，電腦、桌子、電器、日常家居用品全被泥水淹沒。所有東西東歪西倒，我反問上帝：你是否想我關門大吉？」

那年6月27日大澳發生山泥傾瀉，琼姨才剛投資萬多元作修補工作，加上媽媽在早五天才中風，看到那片頹垣敗瓦，琼姨只有對電視記者說，大澳文化工作室正式結業。「這訊息被傳開後，各方好友和不相識的人願意捐錢給我，叫我不要停止這工作，隔壁的林先生開始每月支持我們一千元租金。這才讓我撐下來。」

2016年7月，大澳文化工作室卻終於要休業。「業主要翻新這幢百年古宅，是很複雜的工程，我們也要先停辦。但業主很好，或者願意繼續租給我，文化工作室會重開，但還要看時間吧。」

有沒有想過，有天撐不下去，香港第一家社區故事民間博物館就要真正的關門？

「當然有啦。但一路都覺得，即使工作室倒閉，都是微不足道，」琼姨說，「因為要保住整個大澳才是重點！

「就算這間博物館撐下來，但是大澳面目全非，變了高樓大廈、outlet 連鎖店，巴士總站那邊的紅樹林濕地，全都是大廈、商場，你讓我保住這個民間博物館，又有何意義？我想我用一生的力量，神給我的恩典，保住大澳。」

「其實做民間博物館，由始至終，都只是為了如此。」她說。「大澳，不只是屬於大澳人的，全香港七百萬人都有份。如果你看我們的簽名冊，就會發現，大澳甚至是屬於全世界各地的人。我還有許多戰友，一起作戰，好似舊年成立的『守護大嶼聯盟』。」

「不會是只有琼姨一人的。」她說。

大澳黃惠琼：

老前輩的社區營造心法

「其實，看似沒有成果，但一切都是過程。慢慢來，社區本來就是細水長流的。」

文—司徒咏姍
攝—黃國榮
11-08-2015

每個人，都有屬於自己的召命。這樣說，會不會太宗教性？換個說法，每個人都有一件不得不去做的事。這件事不一定驚天地泣鬼神，但就是要由你開始，由你推動。只要踏上了，就一發不可收拾。回頭，發現自己的生命已奉上給這回事。

黃惠琼（琼姨）和大澳保育的故事，大概也是如此。

「有時，我都會想：為何自己會出錢出力，每個月交六千元租，開間民間博物館，打風還要拖地收拾搬東西。其實我在家裏晃着腳，聽聽音樂也不錯吧？」她笑笑說，「我自己都想不明白，大概這是上帝給我的工作吧？」

這也可以理解為天注定，或是緣分。

琼姨在大澳生活了五十七年，是很普通的水鄉女子。1958 年出生，讀書至中三輟學，出來工作幫補家計，曾任幼稚園老師，後來跟做公務員的先生結婚，成為全職家庭主婦，二十四歲生下了第一個兒子。

「如果說有什麼過人之處，我會說，保育大澳真的是我從年輕開始的使命，加上我有上帝給我的勇氣和勇敢，嗯。」她說，頓了一頓。

「如果無勇氣呢，好難做……大澳是個地方細，人人相識的社區，鄰里關係密切就會有壓力。我每次搞社區工作，我阿爸俾人鬧、我阿媽又俾人鬧、我阿哥又俾人鬧、我阿嫂又俾人鬧，即係闔家都俾人鬧。我以前面皮好薄，好易哭，這二十年來都訓練多了。」

琼姨第一次搞社區工作，就是做逆權師奶。那是 1982 年，她二十四歲，生下大兒子不久。

為八戶人爭取水電的逆權師奶

他們當時住在鹽田壆村，離大澳最熱鬧的永安街，不到兩分鐘路程。這村由百多年前的鶴佬人興建，他們在鹽田附近，以茅屋和木屋臨時安家。「1958 年，我爸爸來到大澳的時候，他的朋友讓了這茅屋給我們住。」由五十年代住到八十年代，連孫子都有了，這條村八戶人家卻一直沒水沒電。

最荒謬的是，所有輸水管、高壓電線都在鹽田壆村頭上經過，但水務局、電力公司偏偏不幫他們做工程，減低水壓和電壓入屋。琼姨與村民在1982年開始不斷向政府爭取，三個月後水務局終於來裝水喉。「但中華電力公司一直遲遲不回應，後來說要我們每戶夾一萬二千元才可以裝一個減壓站。你知道嗎，那時我是全職幼稚園老師，人工才一千二百元。我當然不肯讓步，怎可以欺壓經濟落後的人？」

一個發電站，爭取足足三年，中電終於為他們安裝。「人類1969年上月球，但我家是1985年才有電呢！」琼姨笑着說，「但這事件讓我知道，有志者事竟成，而且當你說愛大澳、愛社區，不能只是說說，是要有所行動的。」

做社區營造，常常強調「愛社區」，但到底這愛是怎樣？

有時，最基本的，只不過是希望讓自己和鄰舍，都生活得安樂舒服點。這是投身社區工作最重要的動力。不然，就是你與社區的緊密感情，發現它的獨特之處，很渴望保留下來。因為你知道，世界上將找不到另一個能取代的地方。就像琼姨與大壆的持續抗爭。一次又一次以為自己要完成使命，卻又一次一次的落空了。

爭取修葺乾隆留下來的大壆

「大壆」是指鹽田壆村看出去，從前建來保護大澳鹽田的一條古老堤壆。自從六十年代起，大澳的曬鹽業式微，政府就不再維修大壆，鄉事委員會亦不願花錢在此。八十年代，魚塘挖泥工程加劇了大壆的失修。後來颱風吹襲，更令大壆出現缺口。

心中有愛

愛書才會

「我從小到大都在這大壆看日落，我眼裏的大澳景色不能沒有它。」琼姨說，「它是一項保護民生的工程，保護我們這些在岸邊的民居。」大壆的議題開始在居民中間醞釀、發酵，1988年琼姨意外發現了關於大壆的歷史證據。

有時也真不得不相信「命運」。

「那是天后誕，我跟母親去天后廟時，無意中發現廟內有碑文，寫着『護鹽圍追乾隆之瑞環繞太平平安之街』，一問廟祝，才知道指的就是家對出的這條堤壆。」碑文證明，大壆原來有超過二百年歷史，這是多麼令人興奮的發現。琼姨把這個消息告訴區議員和鄉委會，誰知給他們冷待。

「我不甘心啊，這是我們社區的重要資產，是屬於大澳，也屬於香港的。」這個師奶，終於決定走上街頭。「我由幼稚園搬了一張很小的寫字枱，放在橫水渡的入口，開始了（保護大壆）簽名運動，我是第一個在大澳以家庭主婦身分發起簽名運動的人。」

在這裏必須強調，在港英政府年代，要收集簽名申訴，是很嚴謹的。簽名後面，必須有姓名和身分證號碼，且要核對清楚，才能上繳。「大澳人都把身分證藏得很埋的，因為不見了，就要來回五小時去市區補領，所以簽名運動，對大家來說，都是不容易的。」

除了搞簽名，還要出中環行政申訴署見議員，琼姨找了當時立法局唯一一個，亦是香港第一個反對立《公安條例》的陳鑑泉議員申訴這事。早一天更約了中外記者們，開一個記者會。真想像不到一位師奶，怎去做這麼多事情。「那一年開始，記者就認識我，大概他們對一個師奶願意花五小時來回去保護一條石壆，覺得很好奇吧。」

那後來石壆怎了？

「陳鑑泉聽了我們說，（代表立法局）跟我們簽了一份文件，要求政府在大澳沒其他工程時，必須先修葺大壆。但因為他之前反對《公安條例》，下屆立法局不再獲得委任，政府就沒有繼續跟進。」以為成功，誰知落空。

硬淨的琼姨決定自己得閒去維修，又試過發起跟學生、福音戒毒的年輕人一起修石壆，被大澳人嘲笑是「愚公移山」。1993 年，索性自嘲，辦了個「搶修大壆之愚公移山大行動」，聯合學生、青年人和外頭的老師，一同加固。「我清楚記得當我用大聲公，向學生講大壆的故事時，我哭得好厲害。」

付出這麼多心血、時間和精力，結果又一次不如人算。

1993 年的夏天，至少來了七個颱風，復修了的很快又被捲走。最後一次颱風甚至把幾年以來的心血都抹去了。

做好社區，是一段過程

「我記得，我坐在堤壆望天說：這個世界有沒有耶穌和神啊？我只希望用人力去修好這堤壆。我只想用三年修理好這二百多年前造的堤壆，為何會變到現在這個境地呢？腦海中忽然出現兩個字，你們猜一下是什麼字？」

堅持？努力？繼續？「當時我想到兩個字，叫做『過程』。」她說。

「我搶修堤壆的過程，一直備受壓力，有居民說我想出風頭，但我不惜犧牲人力物力，不管風雨，就連另一半也阻止不了我。最後，我明白了一件事，我沒有King Kong的力氣，也沒有李嘉誠的財力，但搶修堤壆已經帶出了『關心社區、關心人』的信息，這才是重要，就立即跑回家跟老公說。」當時，琼姨跟記者朋友說，如果政府修葺，她當然支持；有人願意私人出資，她也願意再出力，但她真的盡了力，要放下了。

這個路向，若現在提出來，很容易被罵為「左膠」，「沒有成果就退卻」。但當放回琼姨超過三十年的社區營造歷史線，卻會發現那真的是一個過程。

改變社區，急不來

大壆之後，琼姨出版了三本大澳地區誌，辦了香港第一間社區故事館「大澳文化工作室」。她和大澳的社區故事，比她原本的傳得更遠更廣。

三十年來，沒薪水、沒勳章，每個月定期要交租，或是從口袋裏拿錢印書，保育自己成長的地方。琼姨認為可以做的她都做了，對這個社區已沒有遺憾。「最不好意思的，是搞到屋企人。」因為反對盲目把大澳改造成為外國模式的景點，全家被人指點、當街被人罵，說：「你搞到大澳連屎都無得食！」2000年，她反對在大澳的淺灘興建漁船停泊區，有居民衝入文化工作室，打她的兒子。「哥哥被人罵，不還口；阿仔被人打，不還手。真的好慘！但這代表他們明白我在做什麼。我很感恩的，若不是他們，我怎可以做下去？」

在自己居住的社區，做社區營造，跟街坊講發展願景，就要有心理準備面這樣的困難和壓力。琼姨的建議是：「你要挺起胸膛，我走在大澳街上，或踏單車時都會突然被人截停，必須立即下車，給別人責罵一頓，然後處之泰然地離去。做社區工作，心理質素是要很高，否則不能抬起頭。就像當年耶穌被釘上十架，身旁也有許多人不明白。」

「慢慢來吧，社區就是細水長流的。」琼姨說，「因為根本急不來。」

這是一個老社區營造者的建議。「所以，後生仔，唔好吓吓都刀仔拮大髀，有時塞翁失馬，焉知非福呢。大澳不也是這樣嗎？以前人人都說大澳慢，沒發展空間，現在處處發展了，單一化了，大澳卻仍是一個可持續的社區。人生有限，盡力而為，有種平常心就好。」

這位社區營造「老江湖」看的時間線，真的很長很長。

後記

大澳文化工作室已於2016年7月閉館，琼姨亦已經退休。

ME &
YOU

「有伴同行，讓力量更大。」

無可否認，一個人要處理自身困擾，獨立獨行，只要有極強的應變力和行動力，問題很快就能獲得初步解決。

但若我不只是面對自己的困難，也想幫助別人離開困境，那麼一個人的力量，或許不足以應付一場持久戰。

不如就以謙卑的心腸，溫柔的氣質，找尋一個同樣看見問題的同伴。即或磨合與默契需時，但透過感同身受，分甘共苦，資源與力氣也一樣加倍，自會擁有更大的力量迎難以上，為社區走更遠的路。

Run Of Page：

讓更多人流一身跑步與讀書的汗水

「拉攏愛讀書又怕運動的文化人，一起參與跑讀的活動，就會發現一加一不再等於二。」

文—林蕙芝
攝—黃國榮、受訪者
03-11-2017

許多人為了健康而跑步，但跑步其實可以演化為好玩的社區活動。曾經開書店的莊國棟（James），就以慢跑和讀書，連結同樣愛跑步和閱讀的朋友為夥伴，讓運動與閱讀的力量擴大。

莊國棟曾經是阿麥書房老闆，滋養了許多藝文愛好者。後來，生意結束，他變成憂鬱的胖子。醫生多次警告他，健康已亮起紅燈。別無他法之下，他只能嘗試穿起跑鞋，直奔運動場。由一個圈、兩個圈，變成一公里、五公里，繼而參加十公里，然後是半程馬拉松、全程馬拉松。他也從一個二百多磅的肥叔叔，褪去脂肪皮囊，成為一百六十多磅的跑步愛好者。

本來，這勵志的減肥故事到此為止，但他看看自己，再環顧身邊人，深信曾經面對健康困境的人，一定不止他孤單一人。於是，他找來跑步夥伴，以慢跑和讀書，幫助一眾愛讀書又怕運動的文化人。

請少運動的讀書人動起來

我就是被 James 拯救的愛讀書又怕運動的人之一。話說我近年學習跑步，總是諸多藉口放棄練習，也欠缺同伴鼓勵。自從認識 James 的一年多，跟着他跑步讀書，大夥兒跑遍街道和山野，直感肚腩縮小，自信增強；更重要是，這年跑的路比以前多了，讀書的範疇也比從前廣泛了。

不過，有時我還是享受獨個兒跑，既方便，又省時。為什麼 James 要自找麻煩，組織跑步會？原來，他是記掛喜愛讀書，而又活在「亞健康」生活的舊友。

「大概兩年前，我開始上載跑步相片到社交網站，藝文界朋友竟紛紛好奇問：『嘩！你瘦成這樣，氣色卻好了，做什麼來呀？』我解釋並非患上重病，而是跑步日積月累的成果；但他們一聽到要跑步，就要手擰頭，說很辛苦很忙碌又傷膝頭之類。」

看着這羣腦袋活躍卻不願運動的人，他腦裏閃出一個念頭——不如把跑步和讀書綑綁，先跑步，再讀與路線主題相關的書，他們一定喜歡。2016 年 3 月，他就大膽向朋友借用辦公室，着大家更衣及放下行李，熱身後到海旁緩跑徑跑約三、四公里，再回到辦公室讀關於藝術文化的書。他請朋友們把書中內容朗讀幾句，「這樣大家才感受到所選書本的魅力，分享也不會離題。」

第一次活動有多少人參加？竟來了九人，全都能跑完全程，然後讀書。聽起來風馬牛不相及的跑步讀書活動（簡稱「跑讀」），在誤打誤撞之下，找到起點。

刺激少閱讀的跑者看起書來

James 對書本和作者都有豐富的知識，加上跑步經驗，成為每次跑讀的亮點之一。大家都期待他帶領各種街跑路線，以及選擇的貼題書本。他把組織命名為「八百萬種跑腿 Errand Run」，是參考 Lawrence Block 着作《八百萬種死法》（*Eight Million Ways to Die*）嗎？「不，是他的另一着作《八百萬種走法》（*Step by Step: A Pedestrian Memoir*）。他是暢銷小說家、偵探小說大師，但未必太多人知道他同時熱愛馬拉松及競走，而且是中年才運動的，就像我們！」

但一個人搞活動，真的像要死八百萬次，即使多有能力，也有想放棄的時候。James 於是拉來喜歡跑步和讀書的朋友幫手。Adrian 參加過幾次八百萬種跑腿，跑和讀正符合志趣，James 就順勢邀請他成為跑讀活動內容與路線的策劃者。

James（右一）帶領一批跑讀會參加者在西九海濱長廊熱身和慢跑。

兩個人有兩個腦袋，活動也引入更多想像。他們開始連結不同社區及藝文組織，加入導賞元素，讓跑步成為觀察和認識社區的好方法。而 James 關注的，更是要如何讓跑步變得好玩，「跑讀本來就是一件很容易辦，也很有彈性的事，不用收費，去不同地方搞也可以。我們就聯絡藝文朋友，借用他們的辦公室、展覽、演出場地或熟悉的社區，成為跑讀的場地和主題。這樣，跑讀變得多元，也更有趣。」

於是，他們跑遍劇場後台、展覽館、酒店與馬場；導賞過跑馬地墳場、大坑東、沙田、觀塘、中環、西營盤以至坪洲；讀書主題也包括舊香港、村上春樹、貧窮、小島、死亡等。

因為主題與路線有趣，而且只要穿上跑鞋，帶本書去就行。參加者負擔小，得着卻大，漸漸藝文界圈子愈來愈多朋友參加，而即使平素不太讀書的跑步人，也來參加了。像我的跑友都說，只要帶一本書去，就能「帶」十多本書的故事回家，如此划算，怎能不來？

或許，跑步是重要的，但透過各種的人，帶來各異的書，每場有意思的跑讀和分享，才是最讓人回味。

連結社區的人一起跑讀

「跑步讀書能拯救朋友的健康與靈魂」這個主意，已在八百萬種跑腿的實驗得到實踐和驗證，那麼如何能做得更多？這是 James 和 Adrian，以及他們一羣愛跑愛讀的朋友，一直思索的問題。

他們跑讀了一年多，決定把這秘密跑讀聚會變成公開活動，讓大家能透過跑和讀，重新認識自己的身心以至社區。於是 2017 年中，他們成立 Run Of Page，James 解釋名字：「我是借用直譯『隨便跑去每一頁』的意思。其實，Run Of Page 真正意指雜誌內頁沒有指定的廣告位置，寓意我們也可以跑去不同地方閱讀。」

Run Of Page 每次都會跟社區不同單位合辦跑讀活動，讓不同界別的朋友，都有機會參與。合作過的單位，包括香港中文大學博群計劃、SEE Network 以至澳門「劇場搏劇場」等。

先是一個人跑，漸漸是兩個人，然後是四個人、八個人……如此社區的人都能一起跑，一起讀，流一身充實的汗水，連結更多的朋友，拓闊彼此的視野。

後記

James 和 Adrian 繼續連結不同社區夥伴，進行跑步與讀書；2018 年夏天就跑過麼地道公園、油麻地戲院、川龍等地。

Mosi mosi無事無事研究所：

觀察之後，為殘疾朋友度身訂造一個銀包

「她追求的都是人性化的設計，歸回人最原本的需要。」

文—司徒咏姗
攝—黃國榮
07-12-2015

「Mosi mosi 無事無事研究所」，是一家設計研究所。「叫研究所好像很厲害呢！」梁雯蕙（Comma）笑着說。Comma 集所長、設計師、市場推廣、開發專員等角色於一身，這位「大打雜」，獨自完成了許多事情，包括啟動眾籌計劃，又獲頒幾個設計獎項；而 Mosi mosi 為殘疾人士製作獨特、貼心和人性化產品的初衷，這幾年來亦未曾改變。

溫暖、安靜，不急促和貼心，是 Comma 的性格。2015 年大學畢業，她剛投入社會，就開創自己的研究所。「Mosi mosi 是我在香港理工大學讀設計的畢業習作，由構思、做資料搜集再實踐，前後用了一年時間。」真正把研究室的作品發表，大約是 2015 年中，也就是畢業後幾天，「最初，我沒想過會走這個方向的，」她笑笑，「我只是想做一件令自己開心的畢業習作而已。」

但，到底什麼事情能令自己開心？又或者，什麼事情是自己最關心？

Comma 說她花了好一段時間摸索。大概這也是每位行動者在開始行出一小步之前，必須首先經歷的：先知道自己是什麼人，才知道自己可以做什麼事。「慢

Comma 一畢業就創辦「Mosi mosi 無事無事研究所」。

慢，我發現自己做設計、手作最滿足，幫到人就最開心。」所謂的「幫到人」不是一個很籠統的說法，而是真正「一對一」從小事上改善別人的生活。

先看到別人生活的不便

「我幫助人的原因，可能是很簡單和直接的。有時在街上見到婆婆在鎅紙皮，我會忍不住走上前幫手鎅——婆婆的鎅刀不夠鋒利嘛！」她又大笑起來，「就是這些小事，令自己知道，我想做一些事情幫到人，這會令自己開心。」

那，到底要幫誰呢？我的設計專業可以為哪些人做一件新事？

Comma 選擇了由殘疾人士開始。她第一個接觸的，是視障羣體。「當時還在讀書，有一天，我打算去香港盲人輔導會的中心做資料搜集，在港鐵上剛巧遇到一位完全失明的男生。我很想知道他們的日常生活如何，於是就尾隨『跟蹤』他。我看着他怎樣摸索道路，有時會誤闖花槽，但他還是好開心，一邊哼着歌，一邊打拍子走到中心。」

到達了中心，就不好意思再「跟蹤」下去，她索性道明來意。「我就這樣子認識了中心職員，也是視障人士的潔瑩。」快過年的時候，潔瑩打電話約 Comma 行年宵。「我好開心，可以跟她逛街，我們是朋友呢！我還記得那天是情人節。」這趟年宵之旅，讓她萌生為他們做錢包的念頭。

同行生活體會別人需要

Comma 從此不再是獨個兒苦思設計，而是與人同行，第一位正是潔瑩。「我跟潔瑩相處了好一段日子，發現視障的朋友們有很多厲害的技能和興趣，例如焗曲奇、說一口流利的英文等，他們都渴望平等，希望自己的生活儘量與普通人一樣。」

「事實上，視障朋友的生活細節有許多不便。例如他們平日購物付款時，很難分辨錢幣的價值，於是付款過程變得很慢、很不方便。」她想到不如做一個用點線分辨不同面值鈔票的銀包，讓他們不用每次也掏出視障人士專用的「量鈔器」，能較為輕鬆和自然地，從一個精緻的皮製銀包拿錢付款，「如果可以與大多數人一樣付錢，這已經令他們很高興了。」

最後銀包設計誕生，她請來其他視障人士試驗銀包的實用性，也領潔瑩去深水埗選購喜歡的材料，開始為她製作獨特的銀包。

因為堅持透過日常的相處了解他們真正的需要，所以 Mosi mosi 的設計並不快速，卻很貼心，幾乎是度身訂造。

這種獨一無二的專注，不單惠及潔瑩（視障人士），Comma 也嘗試幫助其他弱勢羣體。她為扶康會一些智障人士舉行認識自己身體構造的工作坊，讓他們學習繪畫自己的樣子或喜歡的圖畫。工作坊完結後，Comma 就把他們的畫，製作產品，包括布公仔、布袋等，「他們收到成品後，都很開心和珍惜，會抱住自己的布公仔和布袋（由扶康會朋友自畫像製作而成）不放。」Comma 說，「實在很少人會特別為他們做一件產品，而這產品是有他們的一部分在裏面。」

Comma 除了讓他們感到自己的獨特性，也利用自己的設計知識，令弱勢在生活的小節上更方便和輕鬆。除了生產為視障人士而設、能分辨不同面值紙幣的銀包外，Comma 又為有腦麻痺的培順，設計另一款「散紙包」（零錢包）。「培順是一位很積極的殘障人士，他之前行動較為靈活時，會從天水圍去深水埗入貨，拿一些髮夾、扣針在街邊售賣。他又會看動漫，用相機拍影片上載到 YouTube。」這麼自主的他，多年來卻因為手指不靈光，一直無法用硬幣付款，只可以給店員紙幣；結果斜孭袋裏常常有過百元找贖回來的硬幣，又沉重又不方便。「用我新設計的磁石散紙包，他就可以自行打開散紙包，倒出硬幣，遞給店員自行找贖。」

這些設計，處理的是日常的小細節，卻表現出 Comma 對他們的關心和細心。

連結，讓更多人一起幫助殘疾人士

故此，Comma 的設計，不是什麼高科技或噱頭，「都是人性化的設計，歸回人最原本的需要，不用花巧。」她以此努力讓 Mosi mosi 營運下去，讓大家更多了解殘疾人士的需要。曾經研究所大部分的開支，都靠她閒餘做平面設計的工作支持着。「我的老師曾德平常對我說：要做就做真的，全身投入去，一定『無死』的。」說着，她又笑得眼睛成了一條線，「話是這樣說，但我也擔心怎樣走下去才好。」

牛仔布袋上絲印了扶康會中心的學員的自畫像。

但似乎正如老師所說，Mosi mosi 這幾年間，接續獲得幾個基金和資助支持，2017 年也透過網上眾籌，籌得港幣三十多萬，生產逾一千五百個前述的視障人士專用銀包，免費贈送香港盲人輔導會。

對於堅持針對殘疾人士市場的設計工作，Comma 很樂觀，「這市場其實不小的，但願意花時間在此的設計師不多。我覺得做得好的話，可以成為一個先機。」她希望把設計帶到更遠的地方：「我不會把自己局限在設計產品之上，做活動、工作坊或是教育，我都覺得可以嘗試，同時也常常想要怎樣連結社區。」

「總之，無論如何，也不要停，不要給現實的困難限制自己。」她還是很溫柔的說，「是不是說得太偉大了呢？哈哈哈……我只是不想一件有意思的事，就這樣完了。」

後記

Mosi mosi 無事無事研究所目前已搬離原屬生活書院的工作室，將擴大團隊，設計更多具有包容性的產品，亦會有更多與社區合作的項目，例如為小販及輪椅使用者設計袋子。

短片：看得見の銀包：
讓視障人士靠自己，就能容易分辨錢幣面值。

Translate for her:
在 WhatsApp 上設立姊妹生活熱線

「沒有資訊，就無法擁有獨立生活的能力。透過手機的即時翻譯，讓少數族裔婦女擁有話語權。」

文—林蕙芝
攝—黃國榮
06-03-2017

你試過去一個完全沒有熟悉語言的地方，長時間旅行或生活嗎？在那裏，你完全無法用語言跟人溝通，只能憑圖案、數字，猜想街上的海報，又或政府部門公告內容是什麼。嘗試找當地人解釋，但因語言不通，又或對於外來者的恐懼，愛莫能助。

沒有資訊，就無法擁有獨立生活的能力，只能一直抽離地在當地生活，更遑論擁有話語權，建立身份與自信。

香港大部分少數族裔婦女，每天正面對這些日常困境。「大廈有緊急停電通知，一定只寫中文，很多時候直到烏燈黑火，我才知道停電。」英語流利的巴基斯坦裔婦女 Bushra Bilal 苦笑道，「但自從我跟幾個香港朋友創立一個 WhatsApp 羣組，我們一班姊妹的問題都迎刃而解。」

Bushra 和她的香港朋友，是一羣「低頭族」女生。自2014年，她們每天有空就拿起手機，跟接近二百位少數族裔婦女談天，用 WhatsApp 羣組為她們翻譯生活上所要接觸的中文。

一張中文租單的誤會

做這個訪問，很難專心，因為巴基斯坦婦女 Bushra 和她的幾個香港朋友盧善姿（Gigi）、黃家玉和蔡蒨文（Fishing），每答幾句話，就要低頭忙碌地回覆 WhatsApp；不一會又一起照顧 Bushra 的兒子，再開懷地邊吃咖喱角邊跟我交談。這婦女小組，相處模式挺像香港女生聚會。

「很抱歉，因為我們都是一個 WhatsApp 羣組的義工，今晚羣組有些重要訊息要回覆。有位姊妹看不懂中文，生活出了些麻煩。」

在香港，少數族裔因為中文而來的困難，一直未被重視。例如從 2004 年開始，教育局讓南亞裔學生透過中央派位入讀主流學校；[1] 自此學習中文，應付校園學習及香港中學文憑考試（DSE），成為他們的最大困難。而他們的父母因不諳中文，日常生活也產生許多不便。坊間並非沒有翻譯服務，民政事務總署每年會

1 教育局為促進少數族裔學童儘早融入本地教育體系，由 2004 年 9 月起，修訂非華語學童的小一入學安排，讓他們可按其意願，選擇傳統取錄較多非華語學童的學校，又或其他主流華語學校。

家玉、Fishing、Gigi 和 Bushra（左起），是翻譯平台 Translate for her 的核心成員，也是好姊妹。

撥款資助服務少數族裔的機構，安排免費的電話傳譯服務；可惜使用率極低，2012至13年度電話傳譯只使用過三百八十次，即每天平均使用一點一次。可以想像，大部分少數族裔未能及時獲得翻譯支援。

Bushra在2009年由巴基斯坦嫁到香港。她在當地修畢教育碩士學位，能說一口流利英語，但仍感到難以在香港生活。「來港一段日子後，我獲得香港一家國際學校的聘書，」她主要任教英文，但要跟華裔學生溝通，不懂中文仍是帶來不便，「會說一點點中文，他們才會對學習和老師感到興趣。我當時一個華人朋友也沒有，想自學也十分困難，所以丁點中文也不懂。」

而Bushra住所周遭，亦主要以中文為溝通語言。街市的價錢牌，她看不懂；乘小巴，她不會叫「有落」；去餐廳吃飯，信奉伊斯蘭教的她不會讀餐牌來避開豬肉菜式，「我唯有照用英文跟人溝通，別人不明白也沒辦法。」

「直至2014年初，業主說我家的租約有問題，但我不明白是什麼意思，十分徬徨！因為太緊急，我唯有嘗試用手機把中文租單拍照，傳給我唯一的中國人朋友Gigi看看。我們以前在同一家社區中心教少數族裔婦女英語。」那次問題很快便解決了，只是租單上的中國數字，令業主與Bushra產生誤會。「不懂中文真的很麻煩！」她皺眉道。

於大學工作的Gigi解釋，「那次只是巧合，才出現第一次的"Translate for her"，『為她翻譯』。」她發現，原來為朋友簡單地傳一張相，回覆一個訊息，就能為居住香港的少數族裔解決燃眉之急。於是2014年初，Bushra連訣Gigi和她的幾個朋友，開始跟一些少數族裔婦女在WhatsApp溝通和進行翻譯，慢慢發現行得通，便再邀請幾位女生，包括社工家玉、當時仍是的學生的Fishing等七位成員，透過申請MaD School「累積學習計劃」獲得的資助，2014年6月正式成立免費翻譯平台Translate for her，同時開始徵召翻譯義工。

手機上的女人信箱

講明是Translate for her，當然只為女性服務，「我們不讓男人參與，因為少數族裔男性所面對的生活問題，沒女性那麼大，他們不少在香港出生，也懂說廣東話。」Fishing正色地道。

家玉續說，中譯英以外，義工有時會把用來應付細碎事兒的粵語譯成拼音，甚至直接錄成語音。「例如姊妹乘車時不懂跟司機說『明愛醫院有落』，我們便用語音教她；或是看醫生前教她說『腰痛』；又或姊妹想去髮型屋拉直頭髮前，先跟義工學『負離子』的發音，這些都是很地道的用詞。」

雖然這些都是因語言障礙做成的生活小問題，並非「死人塌樓」，「但對於家庭主婦而言，看不明白學校的緊急通告，令子女上課漏帶用品、穿錯校服或接不到校車等，可以很大件事啊！」

進入現實的感動相交

現時，Translate for her 的 WhatsApp 羣組已進化至講心事的層次，家玉解釋：「有時少數族裔不方便對同鄉講心事，反而會對香港人講。姊妹們偶有衝突，語氣重了，很快便能化解，也加深了認識。」

「義工們經年日久，也變得主動，遇上颱風、黑雨，又或社會大新聞，都會立即翻譯成英語。」WhatsApp 的好處是即時、快捷，義工不用花多時間，誰有空便可回覆，沒有誰倚賴誰的關係。

起初 Translate for her 的使用者，都得靠 Bushra 介紹，「有了 Translate for her，我就能向身邊的姊妹說，若生活因中文出現問題，可以給我電話號碼，我有一班朋友可以幫忙翻譯。」少數族裔的婦女文化，是不能隨便拋頭露面，透過的 Bushra 的關係，就能給她們信心，願意加入 WhatsApp 羣組。

成員和義工們，也會到不同社區的組織作簡介。現時羣組已累積約一百五十至二百位使用者，義工的人數相若，幾乎是一比一的服務比例。使用者主要來自巴基斯坦，也有尼泊爾、印度等地的婦女。

當婦女把孩子用中文書寫的手冊、學校通告、大廈公告等照片上傳至 WhatsApp，義工就會立即翻譯為英文。如果還是看不明白，Bushra 會再用烏都語翻譯。「印象深刻的是，有次一位姊妹要了解小一入學派位的詳情，表格翌日就要填好，她卻完全不懂，而一羣義工也不知道程序。幸好義工當中有位小學老師，看到訊息後，立即找資料譯成簡單英文，讓那媽媽鬆一口氣。」看似微不足道的事，其實足以讓不諳中文的少數族裔婦女擔心得要命。

羣組更發展成資源共享平台，繼而舉辦線下聚會，「語言只是一個媒介，我們長遠的想法，是要跟少數族裔成為網絡，分享社區資源和資訊，建立鄰舍關係。例如誰家需要電視機、誰又多了一個煲便彼此分享。」義工們不時去姊妹家聚會，透過一起煮食或喝茶，增加彼此信任。

Fishing 亦不諱言，透過羣組和線下聚會，才跟少數族裔人士成為朋友。「我一直蓄短髮，有些姊妹以為我是男孩，因着她們的文化，不敢接觸和跟我對望。但有次一位媽媽竟捉住我的手說感謝——她簡單的道謝，其實表達了『就是你！終於見到你真人，就是你常常在 WhatsApp 幫我』的意思，很感動。」她亦有不少收穫，例如現已能完全聽懂帶重異國口音的英文，又了解跟少數族裔相處的禮儀。

Gigi 則指，組織最想做的是，是讓這些位處社會邊緣的婦女充權。「資訊就是權力，從前她們活在不知就裏的世界，現在只要一個電話，就可以放心，知道有人同行；她們也不再錯過社區的重要資訊，並進一步了解如何合理地得到社區資源的權力。」

其實在使用 WhatsApp 以外，我們平日也可以易地而處，進入少數族裔鄰居的處境，主動翻譯生活瑣事。想起有次在錦田一家街坊餅店買老婆餅，一位巴基斯坦大叔望向我手上的餅子，欲語還休的表情，讓我知道要立即解釋那是豬油做的。瞬間他眼神釋除疑慮，說穆斯林不能吃，改買別的麪包。

一個小小的舉動，已能讓鄰舍在一個不太熟悉的環境中安心生活。

後記

加入 Translate for her 的少數族裔婦女和華人義工愈來愈多。因獲得資助，聘請了員工，全時間策劃事工。

山城士多：

打破單一，在山城上經營一間雜貨士多

「這間士多，不是為了賺錢，而是讓選擇不再單一。」

文—司徒咏姍
攝—黃國榮
03-11-2015

香港中文大學，確是一座山城。

近二萬名學生、七千多位教職員、超過二十幢宿舍，住了八千名宿生，根本是一個小社區。然而，這個每天差不多有三萬人出出入入的社區，多年來只靠一間超級市場和一間由姨姨們辛苦營運的女工合作社，提供日常生活用品、零食、麪食等。

它確實欠了一間士多。一間在山城之中的小士多。

「其實，我們應該有能力營運一間士多，服務自己的同學。」Sandy 說。她是三年級醫科生，2015 年開學不久，與另外十多位不同學系的同學，一起開辦了「山城士多」，專售本地手工製日用品，例如美味花生糖、健康雞蛋麪、菠菜麪，各款涼茶，還有環保天然洗手液、香體露和布衞生巾等等。

山城士多不是一夜間的忽發奇想，而是面對日積月累選擇單一化的反抗。事緣 2015 年年頭，中大泳池旁的兩間餐廳結業了，校方提出原有舖位租給超級市場擴充。「校方說讓百佳擴充，理據是學生普遍認為百佳太細，貨物選擇少，排隊時間長。」另一位山城士多店員、讀法律系三年級的 Vincent 說，「如果要增加貨物的選擇，不一定要依賴百佳，貨源可以來自大財團以外，在社區內的小店啊。」他說。

於是，學生會和中大基層關注組等一方面向校方繼續爭取在空置舖位開學生合作社，讓學生自主營運；另一方面，Sandy 和 Vincent 等十多位同學，着手籌辦山城士多，讓中大師生先在山城內嚐嚐連鎖店以外的滋味。「他們要花很多時間磋商，我們不如索性先做吧！」Sandy 笑說。

不計成本的義務運作

雖以「士多」為名，山城士多起初的營運方式卻不像我們一般認識的小店——沒有實體店面，只是每月兩次，借用中大學生休息室的空間開店；沒有多餘存貨，只接受預先下單，過數交錢後，再於一至兩星期後取貨。

這種營運方式，有點古怪啊？「我們作為小店和同學之間的中間人，除了交通運輸費，沒有收取分毫的；而且我們沒有店面，不能儲存，也就不敢入太多貨。」這樣子，不就是蝕本生意嗎？每星期辛辛苦苦由大埔墟，運來一箱箱麪食、花生糖和清潔用品，卻全不受薪，這樣好像太辛苦了。

「嘩，如果我們受薪，貨品就要賣得很貴了！」Vincent 說。他想同學們放棄方便，光顧本地小店，最簡單的就是讓他們親口吃過小店的美味，好像手工製的花生糖。我們和攝影師訪問這天，就各獲贈一小包，如獲至寶。

「老師傅天天凌晨起牀新鮮人手造糖，這種味道跟你在超市買的完全不同。這個年代，手藝很容易被人忽略。」Vincent 續說，「大家好容易一句：『吓，不用理會用什麼做，好吃就可以吧！』」所以，他們會在 Facebook 上寫「與產品對話」，記錄花生糖的製作過程，又會記下麪廠太子爺接手爺爺老店的掙扎、涼茶店老師傅如何研究草藥等。

• 1 2000 年，中大同學基層關注組成功抗衡由大財團壟斷校園，爭取小賣店由基層團體承辦，於是邀請香港婦女勞工協會於 2001 年 3 月到富爾敦樓，即中大泳池旁成立中大女工小賣店。

佛記麪粉廠的蝦子麪、菠菜麪和雞蛋麪，廠房設在筲箕灣。

讓同學與小店對話

山城士多，其實是實驗性的義務計劃，讓同學初嚐小店的味道，了解社區經濟的好處，擴闊同學們的想像和認知，這才是山城士多的營運目標。

「小店的產品和百佳的產品是有分別的。我們不是說百佳不用再存在。事實上，超級市場、連鎖店有其優點，例如快捷、方便，但小店的優點，連鎖卻沒有。我們希望同學可以有選擇權。」

「坦白說，我們服務面向的是同學，甚至多於幾間特定小店。」Sandy 說，「老實說，我們的訂單那麼少，一個月才訂兩次貨，可以幫助小店多少呢？比較可取的是，由這間士多令更多同學認識社區經濟，他們可以回去自己的社區光顧，或是主動去大學附近的社區尋寶，這樣的影響力或許更大。」

那，以你們營運才兩個多月的經驗看來，大學生對於社區的認知，或是社區的歸屬感強嗎？

他們想了很久。「很大程度是按他原本來自哪一區。例如，我來自天后，真的不算有很強烈的社區感情。例如，快要區議會選舉，但我不太知道自己的區議員為我們做過什麼。」Sandy 說。

「也有些同學，可能從小至大都住在大屋苑，他們真的沒太多社區小店的體驗。」來自筲箕灣的 Vincent 說，「大家都習慣了領匯，噢，已改名做領展了，或者大地產商的模式。但是，只要嘗試過一點點非主流消費模式，或許就能改變。好像我們去大埔，也會感到這社區很神奇、很特別，人與人之間仍然有好多化學作用。」

「呀，又或者可以這樣想，」Sandy 補充，「中大本是一個小社區。我們可以由這裏開始，學習和體驗社區生活，一齊想想，怎樣才算是一個理想社區。除了像我們或山城菜誌可以共購，[2] 還可以共同做許多事情。如果真的有一間學生合作社，那不只是同學們買賣的地方，還可以一起幫手，一起做更多實驗，例如彼此交換二手物，一同『打薹』。」

●2 山城菜誌是一個由學生自發營運的共購本地蔬菜組織，讓同學訂購本地農夫生產的農作物，以此實踐社區經濟，並支持本地農業，推廣土地、農業、生態等議題。

山城
士多
UCLA
BRUINS

山城士多

開店小貼士

「其實整件事情不是大家想像中那麼困難，我們強烈鼓勵其他院校的同學、宿生會也可開辦自己的士多！」Sandy 說。

Vincent 說：「只要有心就成事。當然，如果有不同強項的同學加入就更好，最好有人懂計數的、有人有人脈、有人懂得網上宣傳的——」

「唏，就算不齊人，也可以邊做邊找。先做再說啦！」Sandy 笑着打插說。

開士多的步驟

1. 出去探探院校附近的社區
2. 找一些心水貨物，以本地生產、手工製作、品質優良為佳
3. 設計一張網上訂單
4. 開一個入數戶口
5. 開始向同學宣傳
6. 接訂單及安排取貨日
7. 士多就這樣子開動了

後記

山城士多已設有實體店舖，跟另一學生組織「山城角樂」，共同使用富爾敦樓，讓同學能到那裏共購本地日用品。

小島靜舍：

一個孕育藝術工作者的空間實驗

「在離島開一間靜修小屋，無非想為自己和身邊的藝術工作者提供空間，讓他們休息與交流。」

文—何碧嵐
攝—黃國榮
09-08-2016

炎夏的一天，我們坐上開往坪洲的渡輪。這是我第一次來到坪洲。

這天浪特別大，幸好船程只是短短四十五分鐘。我們走進坪洲唯一一個市集，窄巷兩旁的小店好像還停留在六十、七十年代。這裏沒有長洲、南丫島的喧鬧，保留了純樸簡單的小島情懷。蔬果店的價錢牌，全部是老闆親手寫的；建材舖老闆一邊悠然自得地彈奏樂器，一邊看舖。這裏的時間，彷彿走得特別慢。走過了市集，眼前便是東灣，五顏六色的小艇隨意停泊在水中，很安寧。

從「小島靜舍」的落地大窗看出去，正好是這個畫面。

孕育下一代的空間

走進小島靜舍，三百五十呎的小房子，四四方方的空間設計，簡約而無間格。看似平平無奇，房子卻暗藏機關。只要把牆上的木板放下來，就可以成為掛牆睡牀。翻開房子正中央的大型餐桌，原來是一個浴缸！一邊浸浴，一邊從大露台看着東灣，海景一覽無遺，好不享受。

張志偉說：「人在洗澡時，是我們最放鬆的狀態，特別多靈感，這是有科學根據啊！」他是一個專業攝影師，擁有多年拍攝藝術活動的經驗，也是小島靜舍的管理人。小島靜舍的空間設計花了不少心思，特別注重藝術工作者的需要：多留白，靈活，簡潔。

「我累積了二十多年舞台攝影的經驗，令我思考做藝術的朋友需要什麼。」他一直思考怎樣回饋表演藝術工作者，「現在很多人都認同需要休息。大家都很累，特別不斷做創作、做藝術的人，而他們都是被忽略的一羣。」這是他多年來拍攝藝術活動所得的結論。

他希望為自己的人生階段做一個小總結。於是，他萌生起創立小島靜舍這個念頭。「我希望開始一個新階段，有一點新突破，認識一些新朋友，便想到以『休息』為主題。」

如何讓疲累的藝術工作者可以休息，又可以滋養到他們？志偉想起自己的經歷。1997 年，他因為舞台攝影而獲得亞洲文化協會的獎學金，到紐約交流一年。那段日子，他學習與不同朋友自由交流，對他後來的藝術創作有很深遠的影響。「那是一個影響至今的經歷。因此，要是有能力的話，我也想幫助其他人經歷這樣的交流。」志偉續道。

志偉選擇在坪洲成立小島靜舍，除了希望培育藝術的下一代，還有自己的下一代。

「我這種想法好像有點『怪獸家長』，但如果我將來的孩子，可以在這裏長大就好了。」志偉說。坪洲的寧靜和純樸吸引着他。過去幾年來，他一直尋找一個合適的地方，機緣巧合地找到了這間位於東灣的房子。目前孩子還沒有出現，但他很想回饋藝術行業，於是開放這個房子，讓藝術工作者有一個尋找靈感的空間。2015 年，小島靜舍誕生了。

可是，一定要做藝術創作的才可以來嗎？

需要安靜的人，請到這裏來

志偉回想過去的九十日，除了藝術家、藝術行政人員和作家，也有瑜伽老師、教師、學生和社會工作者曾經入住。志偉相信他們都需要一個能夠安靜思考、認識自己和做創作的空間。

聽起來，好像任何人都可以來小島靜舍生活？志偉說：「什麼人都可以，但別視這裏為民宿，期待有人服侍。」

他還會間中舉辦「島．聚」活動，讓住過這裏的人，半開放式地享用這個空間，令不同的藝術工作者彼此連結，醞釀出新的靈感和創作，同時也會找其他團體合辦工作坊。

「有時我還會『撮合』一些藝術家。」志偉笑說。曾經有一次的「島．聚」，讓幾個素不相識的攝影和畫畫單位互相認識，各人成為朋友之餘，也一起合作，拍攝了一輯人體彩繪。這個在小島上的靜舍，不但是一個安靜、休息的地方，更是一個孕育靈感、交流藝術的搖籃。

由戶內到戶外，尋找藝術的靈感

採訪這天，入住小島靜舍的人，是來自劇團「天台製作」的工作人員。小小的空間住了六個人，一起生活三日兩夜。「這次真的很難得，除了幕前的演員外，幕後的設計師也一起參與。」天台製作創辦人 Michelle 說。

他們做的是編作及實驗劇場，有別於傳統劇場，編劇不是一個人的工作，而是整個劇組即興的共同創作，所以工作人員之間的連繫很重要，「這裏空間不大，大家緊密地生活，這是我們做劇場很需要的。外國的劇團大多有自己的工作室排練，空間、自由度都很大，可以經常一起相處，做創作比較容易，但我們都是自由工作者，要在短時間建立凝聚力，便要靠這空間幫忙了。」這次與天台製作合作的劇場人 Billy 說。

這個小小的空間，拉近了劇組人員的距離，又提供大大的自由度給他們去創作。「在這裏，我們可以隨意地運用時間，例如：討論創作一會兒，興之所至就去煮飯，然後慢慢地吃，吃了一會又練歌。」Billy 續道。

創作源自生活，要做出好的創作，先要好好生活。這種看似與演出毫無關連的平凡生活，其實在沉澱、醞釀，慢慢地累積成創作的土壤。

Billy 說：「今天我們吃早餐前，做了一小時瑜伽，再一起煮早餐。做劇作表演，身體和音樂上訓練都很重要，無論是體能、身體動作、音準都需要練習。在這裏，我們有很多時間一起練習。」

張志偉希望小屋能讓藝術工作者交流，醞釀靈感。

他們平日在工廠大廈練習，面對幾面牆壁，靈感有限。加上大家是自由工作者，同時負責幾個表演，每次排練都匆忙趕急，沒有空間讓大家由零開始討論創作。這空間令他們找到另一種排練的節奏，能把排練和創作融入生活之中，讓大家參與創作的過程，不會有指定的練習和休息時間，避免平日那種只練習自己一部分的排練，不再讓創作和演出切割成碎片，而是重新組合成為每個劇團成員的事。

可是，要地方一齊生活，一齊練習，使用其他營舍不就成嗎？

Billy 說：「這裏的空間明顯是設計給藝術工作者，可以彈性使用，例如：我們可以不把掛牆的睡牀拉下來，而是把它當成壁報板，貼上各人對劇作主題的想法或搜集了的資料；又或者把餐桌的大木板拉下來，蓋着浴缸，就變成大桌子，圍着開會；想唱歌時，可以坐在地上；又或在地上做瑜伽，而其他營舍不可以隨意移動傢俬。」

「政府營舍有其他人入住，有時是一家大細，感覺不一樣。有些營地會提供了射箭場和繩網陣，這些對我們來說，用途不大。」Michelle 續道，「這裏讓我們做到一些在工廠大廈做不到的練習，可以接近大自然，看看有什麼可以啓發我們。」

在大自然中排練（rehearse and training in nature），在外國的編作劇場中很普遍；而小島靜舍帶給他們的，不單止室內三百五十呎的空間，還有整個坪洲。

志偉說：「這裏很多地方都很安全。你可以在任何地方露營，可以到南灣，又可以上山頂，順道在手指山看日出。在這裏，即使下雨也可以行山，晚上行山又可以，很安全。」

「這裏的確要山得山，要水得水。」Michelle 說。那天下午，他們準備去北灣，在水中耍太極，又打算隔天走上手指山，在大自然裏進行練習，開放地跟大自然對話。

穿梭離島與城市，儲蓄力量走下一步

訪問當天，還遇上另一位嘉賓 Ida。她從事藝術行政工作超過十年，也是一位瑜伽導師。她平日在工廠大廈教學，特別喜歡這裏，覺得面對大海做瑜伽很舒服。

瑜伽導師 Ida 因為小島靜舍而踏出事業新一步。

「一看見窗外東灣這個景象，便覺得很吸引。」Ida 說這句話時，望向海景的雙眼流露出嚮往的神態。「當時我想，這個空間除了自用之外，還可以有什麼？如果這裏有更多的意義，性格會更強烈。我是一個瑜伽導師，便混合這兩個想法，做了瑜伽假期。」

Ida 說的瑜伽假期（Yoga Retreat）在外國很流行，香港卻很罕有，「這個空間很容易發展，即使室內細小，但整個坪洲很大。」於是，自小島靜舍開始運作，Ida 就定時在坪洲舉辦瑜伽假期。一年半下來，變成這裏的常客。

她每月舉行一次瑜伽假期，最多只有五個參加者。每次共有兩節瑜伽練習，其餘時間讓參加者到南灣玩水，又或者上山，有時還會帶參加者逛逛坪洲。「九成的參加者都是第一次來，或很久之前來過，他們都不認識坪洲。」

志偉說：「很多年輕人去過很遠的地方，卻沒有來過坪洲。其實，可以簡簡單單拿一枝筆、一本簿到附近畫畫。」

Ida 說：「這個小島與其他島不同的，是這裏沒有設計給遊客的事物。」的確，這裏沒有像長洲張保仔洞的到此一遊式的景點，又沒有像芒果糯米糍的必吃小食，但每間小店都各有味道、卧虎藏龍。「他們經過小店時會覺得很神奇。」Ida 笑說。就像我偶然發現了建材舖藏着隱世的揚琴高手，「嘩」了一聲，嘖嘖稱奇。

「只要在這個社區走一走，就會聽到很多故事，有街坊親朋戚友的事、這裏將來會建什麼樓、那裏發生了什麼事……這是一個小村莊，與外面的城市生活不一樣。」Ida 說，「瑜伽假期的『瑜伽』只是 5%，其餘的是這裏的生活。」

這個空間亦竟讓 Ida 踏出了事業的新一步。「我本來是做藝術行政的，瑜伽是其次。在這裏辦過瑜伽假期後，多了人認識，也有雜誌訪問，我決定到城市物色地方教瑜伽，並在葵芳開始了自己的 studio。這是相輔相成，葵芳的學生會有興趣參加瑜伽假期，參加過瑜伽假期的人，又會問我平日會否授課。不可以永遠在坪洲，又不可以永遠在城市，兩樣互相拼湊才是最好的。」Ida 說。

志偉說：「瑜伽假期的所有東西，都是由 Ida 構思，並不是小島靜舍幫助她。她可以很自由地探索自己想做的事，而且更有動力。」

這大概也是小島靜舍的出發點，一個自由的空間，讓人探索與嘗試，尋找自己的方向。

靜待孩子成果

無論是做藝術的，還是想要安靜休息的，每一個來到小島靜舍的人，彷彿都是志偉的「孩子」，慢慢地在這裏成長，找到屬於自己的空間。

這裏開放了一年半，志偉已經儲了一本作品集，收集曾入住小島靜舍的人的創作和故事。「我沒有期望他們會在這裏做什麼，他們都是自由地做自己喜歡的事。」這本作品集，既是這段日子以來的成績表，也好像是記錄了志偉的「孩子」的成長過程。

要孕育下一代，最重要是願意放手，讓人嘗試和探索。志偉開放了這個小小的空間，默默的看着一個個故事的誕生，靜待一個個藝術工作者開花結果。最大的滿足感，莫過於此。

《牛奶與蜜糖》是「天台製作」與 Billy 合作的劇作，是在小島靜舍創作。

「這也是我的一小步。」志偉謙虛地說，「我們每人都在走一小步，就是各自做好各人能力所及的事情。」

後記

小島靜舍繼續開放給管理人認識的藝術工作者、社工、教師、學生或其他需要靜修的朋友使用，並堅持不作民宿，以免打擾小島居民和小屋使用者的寧靜。

街坊書櫃：

在路上，置一個隨街閱讀的平台

「要是區內的公共圖書館交通不便，一般人放棄借書就算；幾位年輕人因想讓自己與街坊能共享書本，於是展開一場書櫃的冒險。」

文—周嘉俊
攝—黃國榮
26-08-2016

資源共享，似乎已成為城市其中一種出路，既能連結街坊，又能分享資源，讓社區有趣的事情發酵。那麼，除了食物、衣服這些生活必需品，還有什麼東西能夠共享？

幾個居於天水圍的年輕人，看到當地圖書館位置不便，便想：既然社區欠了書本，不如就讓他們為首共享書本吧！後來，書本與書櫃多次失蹤，他們就如偵探般，抽絲剝繭地了解社區的特性。原來，愛閱讀的，不一定是學生或白領，還有些意想不到的街坊。

由美國來到天水圍的「街坊書櫃」

Terence、阿康和 Andy 自小就在天水圍生活，也是「街坊書櫃」的發起人和成員。他們常常留意天水圍的大小事。喜歡閱讀的他們，注意到天水圍圖書館的問題，Terence 說：「天水圍有三間圖書館[1]，其中一間屬於全港第二大的圖書館，照理閱讀氣氛很不錯吧？但這個大圖書館跟我們生活的社區有一段距離，不少街坊要去那裏看書，都要轉車或走好一段路，不太方便。」

再者，天水圍位置偏遠，不少居民白天已經花很長時間去市區上班，晚上回到天水圍，圖書館已經關門，「上班的人根本很難接觸圖書。」Terence 很希望把書本放到書櫃，再放進社區，讓閱讀融入街坊的生活，令街坊上班放學路過的時候，可以坐下來慢慢咀嚼書中的文字。

「香港人的生活太趕急，如果能夠慢下來看書，將自己腦袋放空，會是一件有益的事。」Terence 說。現在不是一機在手，人人都能上網看文章嗎？他卻認為書本跟網絡文始終是不同：「現在大家流行上網閱讀，但互聯網上很多文字都是粗製濫造，我們在閱讀這些文字時，究竟吸收了什麼知識呢？」

促成這個街坊書櫃，更有外國例子的鼓勵。話說 Terence 在社交網站上看到一個名為 Little Free Library 的故事——2009 年，美國人 Todd Bol 在家門外放了一個木箱，並放上 Free Book 的牌子，慢慢開始 Little Free Library 計劃，讓欠缺公共圖書館的社區，用循環物料製造自己的書櫃，如今已在世界各地遍地開花。

第一個街坊書櫃——被消失

2016 年 1 月初，這書櫃終於來到香港，落戶到天水圍。

Terence 先跟天耀街市關注組合作，一起從垃圾站撿拾棄置的膠椅、梳化和書櫃；書櫃裏放入少量書籍，由商業叢書、傳播學、英文小說到成語故事都有。如此「街坊書櫃」正式成立，放於天耀巴士總站旁，他們視之為一個小小的社區實驗。

Terence 和後來加入的阿康，每天會花半小時到一小時，在巴士站觀察設施的使用情況，發現櫃裏的書籍每天都移位。「我們推測，街坊真的會在等車時拿書來看。」Terence 說。

他們有時也看見街坊到書櫃前翻閱書籍。「有幾次我上前向途人解釋書櫃為何出現，他們都覺得這理念很好。」小小的嘗試，印證街坊書櫃的概念是可行的，而跟街坊接觸的過程中，街坊更給予很多意見，例如替書櫃加上裝飾、如何推廣書櫃等。

大概隔了一個星期，他們張羅了一個新書櫃，替代原本的舊書櫃，並塗上光油、加膠套，讓它能變得更耐

• 1 截止 2018 年 5 月，天水圍只餘下兩間公共圖書館——屏山天水圍公共圖書館，以及天水圍北公共圖書館。

Terence（左）和 Andy（右）是街坊書櫃其中兩個負責人，一直經歷書櫃失竊，雖無奈卻不想放棄。

用和防水。可惜，兩星期後，不幸的事情發生了——巴士站旁邊的書櫃竟然不翼而飛。到底書櫃被誰扔了？「可能是食環（清掃街道時將書櫃當作廢物丟了），亦有可能有街坊拿走。這些都是我們的猜測，真正原因就不得而知。」書櫃的消失，殺他們一個措手不及。「我們當時想，憤怒也沒用，隨遇而安，書櫃沒有了，就再去執過啦！」遇上挫折的時候，他們選擇樂觀面對。

第二個街坊書櫃——街坊盛讚

2016 年 1 月 23 日，街坊書櫃重現天瑞邨河畔的公園涼亭。

相比起當初的地點，他們認為這次選址比起首次的巴士站更有優勢。「第一，這裏平日很少食環人員管理，書櫃較少機會被管理人員清走；第二，這是村民出入沙崗圍村的必經之路，人流較多，街坊亦喜歡在這裏運動、晾衫；第三，這個闊大的涼亭可以供街坊看書、歇息。這個位置簡直佔盡了天時地利人和。」Terence 解說。

後來，Terence 和阿康找了住在書櫃附近樓上的中學生 Andy，他欣然加入團隊，三人輪流每天觀察書櫃的情況，讓書櫃的運作更加暢順。跟以往一樣，街坊把書籍放進書櫃，喜歡的朋友就會將書籍拿走。

這次真的選對了位置。街坊書櫃開始成為街坊之間分享書籍的平台，還變成 Oh Yes It's Free 實體版，[2]街坊會把形形色色的生活用品放進書櫃，讓有需要的人取用。「街坊曾經捐過錄音帶、滑鼠、DVD 等；前陣子下雨的時候，書櫃更出現雨傘。這證明了書櫃成功鼓勵大家分享自己的資源。」Terence 眼神流露出一絲的滿足感。

街坊書櫃雖然促進了資源共享，有時也會發生他們不願看見的情況。「有好幾次，書櫃的書消失得很快，前一天還有二十多本書，隔天就被人拿走了。」Terence 猜測街坊可能一次過把書本帶回家，又或者將書賣到附近廢紙回收店。當然，也可能有人惡作劇把書本偷了。

Terence 決定親自尋找答案。在一次視察書櫃時，他發現書櫃旁邊有一輛載滿紙皮的手推車。於是他坐在涼亭等了半小時，終於等到手推車的主人出現。Terence 上前詢問書籍去向，推着手推車的婆婆竟說：「我怎會當廢紙把它們賣掉？廢紙一斤才賣六毫子，書籍比廢紙珍貴多了，我寧願留它們在書櫃跟別人分享。」街坊比他們想像中更重視和珍惜書本的價值，讓 Terence 十分感動，也讓團隊有堅持下去的動力。

漸漸地，書櫃凝聚了一批街坊，團隊亦收到愈來愈多的鼓勵說話，Terence 的朋友 Iris 和 Rebecca 也來團隊幫忙。有時候，街坊會在書櫃上留下心意卡，為團隊打氣；街坊甚至會當面稱讚他們。Terence 憶述：「有一次，我們在涼亭遇到三母子，那個媽媽在書櫃拿起書本，對女兒說：『你們要學這幾位哥哥，有一個慷慨的心』。」一點一滴的支持和鼓勵，都讓團隊感到鼓舞。

但是，新書櫃經營了兩個多月後，在 2016 年 4 月，再次「被消失」！已經轉換了地點，也獲街坊支持，為什麼會再次失蹤呢？「估計可能是街坊的惡作劇，故意將書櫃拿走了。」Terence 沒好氣地說。

•2 網上平台，鼓勵 Freecycle（免費循環）、研究廢物問題（減廢）、推動公民互助社會、反思金錢與過度消費、本地永續再生、全民環保意念及綠色生活，讓網民以多元、多變的形式進行各種徵物、送物、換物及清場活動。

第三個街坊書櫃——打破空間運用的小革命

街坊書櫃團隊對於書櫃再次失去蹤影雖感憤怒，卻沒有想過放棄，「這個書櫃漸漸成為街坊生活的一部分，我們不希望失竊事件切斷書櫃和街坊之間的聯繫。」Terence 堅定地說。

面對書櫃屢次失蹤，團隊也想過一些解決辦法。「我們曾經想過向地政處申請擺放一個廣告宣傳品的位置，但後來想想，書櫃是非牟利的，並不屬於廣告宣傳品類別。」後來，團隊在地政處的資料中找了很久，發現沒有跟街坊書櫃吻合的申請類別，「既然申請制度中沒有考慮這種概念，我們只好放棄。」

在社區放一個書櫃本來是一件簡單的事，但循正式途徑跟行政單位商討，事情或會變得複雜。「香港政府和管理公司對公共空間的管制十分保守，既要顧及繁瑣的行政程序，又怕被人投訴。」Terence 和阿康覺得外國的行政機關、管理公司對於民間的創意比較包容，「沒有這些束縛，便不會扼殺民間對公共空間的想像和創意。」

環顧天水圍，發現許多公共空間都是「被規劃」的空間：公園、單車徑、道路、店舖……所有事物井然有序地編排，卻很少看到民間自發改變公共空間用途的想法。「我覺得街坊對公共空間有許多想法，但因為制度的束縛，讓大家不敢表達出來。」Terence 說。

團隊經歷了這麼多的事情，也不再把焦點單單放在書本共享上，而是帶有充權的想法。阿康說：「我希望透過街坊書櫃告訴街坊，社區是大家共同擁有，大家都有權做自己想做的事。書櫃其中一個目的，就是打破大眾對公共空間既有的想像。」Terence 更認為他們是用行動挑戰制度，改變社會。

放棄與體制合作後，他們在 2016 年 4 月中又在涼亭放上新書櫃；運作了兩個月左右，6 月 8 日書櫃第三度「被消失」。

第四個街坊書櫃——出自設計師手筆

這次書櫃丟失後，團隊安靜下來，用一個月時間檢討過去的經驗，也思考街坊書櫃未來要如何走下去。

這次也成為書櫃轉型的契機。他們認識了天水圍故事館，[3] 館長小宇知道了書櫃的故事，幫他們找了非牟利推廣本土文化的機構「文化葫蘆」（Hulu Culture），而文化葫蘆又替他們聯繫環保及社區設計團體 KaCaMa 幫忙製作新書櫃。多個單位一起努力，都想讓書櫃運作得更好，令街坊更明白和珍惜書櫃。

「其實街坊給予我們許多寶貴的意見，我們將這些意見都吸收了，就跟 KaCaMa 一起商討、一起改良。例如我們現在會加鎖鏈，確保書櫃不會再被人拿走。」Terence 說。

在我們拍照當天的 2016 年 7 月 8 日，書櫃第四次重新投入運作。新書櫃印有街坊書櫃的圖案和名字，雖然體積比以往略小，色調就較醒目。書櫃由三個紅酒箱組合而成，最上層放了幾張簡介單張，讓平日經過涼亭的街坊可以了解書櫃的理念，也放了原子筆和便條紙，讓街坊能夠寫下他們對街坊書櫃的心聲。宣傳方面，他們比以往更定期更新 Facebook 專頁，並會寫一些關於書櫃和社區的趣事，藉此吸引更多人關注書櫃。

●3 全名為「天拉吧．天水圍故事館」，由基督教女青年會天水圍綜合社會服務處的轄下單位，於 2014 年成立。「拉吧」取自時下青少年對圖書館（其英文翻譯 Library）的俗稱，希望藉着社區藝術，凝聚街坊參與及重構天水圍生活故事。

如果這漂亮的書櫃與藏書再度消失，他們會不會很難過？經歷過屢次失敗，為什麼還要堅持下去？「我們就是有『敗部復活』的精神呀，哈哈！」Terence 佻皮地說。

或許，偷書賊並不可怕，只要他們把書帶回家看就好了；最可怕的是制度和社區不容許書櫃和書本存在，把街坊的創意與善意視為垃圾，以為丟到堆填區，就能把問題和想法活埋。

後記

書櫃常被無故破壞及丟進垃圾房——2016 年聖誕節後，書櫃第五次消失。團隊於 2017 年 4 月 1 日再度選址天瑞邨河畔涼亭；但去年聖誕節後書櫃第六次消失。現時書櫃蹤影不詳，團隊偶爾跟其他團體合作，接收二手書，又或去市集擺設書攤和開辦讀書分享會。

KUC Space：

把空間還給社區的實驗

「開放教堂的宿舍，款待社區中有需要的人，讓大家感到平靜下來，不用趕急，也不會被催促。」

文—王育娟
攝—黃國榮
2016-06-06

KUC Space 位於佐敦，在佐敦道與覺士道交界，跟隔鄰的教堂和副堂，一組三座建築物都屬於九龍佑寧堂。其中教堂是一級歷史建築物，而 KUC Space 那一幢則是三級歷史建築物。門外沒有掛出大大的招牌吸引客人，而是靜靜的打開大門，等候每一個到訪的人。所以，第一次去那裏的人，不容易發現入口。

一走進去，忽然由喧嘩的世界，變得寧靜。室內四周是淺色的牆，陽光灑進來時，映照出一室光亮，再配上 1930 年代的木地板和地磚，顯得份外典雅，令心情慢慢地變得平靜。

雖然這裏的裝潢樸素平實，但某本地餐廳指南網站給它四星的評價，大部分到訪過的食客都給它良好的評語，說那裏的食物和咖啡都很可口。我當然也趁着做訪問的機會，一邊跟負責人 Maggie Mathieson 牧師談天，一邊吃蛋糕和喝咖啡。

Maggie 告訴我，他們的自家製蛋糕，材料都來自本地的小店，沒有添加香料、色素和味精，全是真材實料，就像訪問當日我所吃的檸檬蛋糕，充滿檸檬的芳香，彷彿每吃一口，都有新鮮檸檬湧現；提供的咖啡是公平貿易產品，新鮮即磨，香醇味甘；曾經供應午餐，蔬菜和香草都是來自本地農場或自家的後花園。

Maggie 笑着說：「這裏不是咖啡店，是一個屬於社區的公共空間。」

成為蔭庇之所

KUC Space 所在的建築物，使用過的每一代人，都見證香港歷史變遷。這幢樓原本是牧師宿舍，三十年代開始，為來港做福音工作的外國傳教士提供安居之所。有些傳教士是一家大小的來港，有些卻不然；有些來港之後，就轉到內地傳道，於是愈來愈少人使用 KUC Space 的空間。文化大革命時，他們更收容內地傳教士，讓他們有一個安全的地方，等待離開的時機。

後來，當時的牧師覺得自己居住整幢樓，實在太大，遂在七十年代改變宿舍的用途，下層仍然是牧師的住所，上層就開放給有需要的羣體做庇護所，收容一些本地工人、女性或來自內地的保姆。他們都面對艱苦的生活，有的工資被剝削，有的身體被虐待。

其後連下層部分地方也租給不同的非牟利團體，例如：綠色力量、香港婦女基督徒協會和 Christian Conference of Asia，讓這些組織可以用較低廉的價錢租用空間做辦公室。「雖然這裏是牧師的住所，但經常為不同的社羣服務。」Maggie 說。

試想像，原本自己安寧的家，一下子有不同的陌生人出出入入，包括社會上邊緣的草根階層，而且牧師是外國人，與本地人語言不通，難道沒有半點不習慣嗎？Maggie 說：「我們開放空間給本地的弱勢社羣，幫助無法自己發聲的一羣，因為《聖經》吩咐我們要愛每一個人，沒有批判地歡迎他們。」

佑寧堂一直與弱勢同行，為他們留下空間，可是曾經連這空間都留不住。Maggie 說：「1996 年，教會面對財政需要，因此討論不同的重建方案，最後通過了收購計劃。我當時很傷心，九龍佑寧堂、牧師宿舍和副堂這三幢建築物都有悠久的歷史，一旦要拆卸，實在很可惜。誰知道差不多簽合約的時候，遇上亞洲金融風暴，跟我們合作的發展商受資金困擾，整個重建計劃被擱置，我們得再思考如何運用這個空間。」

借出空間，借出耳朵

他們留意到教堂所身處的地方——佐敦——是一個很

鋤禾日當午汗滴禾下
土誰知盤中飧粒、皆
辛苦

多元化的社區，由富裕到貧窮的人都有。沿着佐敦道由覺士道走向柯士甸港鐵站，先會路經私人會所如九龍木球會、九龍草地滾球會，附近的建築物都是光潔明亮，愈接近廟街那一邊，樓房就變得愈破落、殘舊。

Maggie 說：「這實在太荒謬，有些人要用幾千元租用一個極窄小的地方，睡牀、廁所和廚房都在同一個空間裏。在那些地方，有兒童被虐待，甚至性虐待。」因此，Maggie 和另外兩位同事，就想到用這個空間款待社會上有需要的人，「我們希望製造一個空間，讓每一個人都能夠到來，拉近社區與教會之間的距離。」

2012 年，他們把握教堂在城市中的特點，把這個原本的牧師宿舍，喚作 KUC Space，寓意讓人可以在鬧市中找到安靜的空間，每天日間供奉咖啡、糕點和午餐，顧客自由捐獻食品費用。「安靜和安息不能夠只往外跑，走到寧靜的地方，這樣會失去與現實生活的連繫。」Maggie 指一指身後一扇打開的窗戶，「在 KUC Space，我們可以聽到車聲、人聲和鳥鳴，這些都是城市的聲音。」

在這裏可以遇上各式各樣的人，由無家者、勤奮溫習的學生，到附近的上班族都有。「有一個在附近某大百貨公司工作的職員，不時帶自己的餐盒到這裏用膳。吃過飯之後，就伏在枱上小休，我們從來不會阻止她，說她阻礙下一位要用餐桌的人，也沒有人會要求她一定要買一點什麼，才可以坐下來休息。有一年的聖誕節，她買禮物送給我們，因為這裏已成為她生活的一部分。」Maggie 說。

這跟我平日出外午膳的經驗很不同：還有半碟飯未吃完，就已經有人站在背後，等候我的桌子，令我感到很大壓力，於是急忙地把食物倒到口裏，匆匆地離開。離開餐廳以後，偌大的商場又沒有地方可以坐下來休息。若真的很需要歇息，就要到咖啡店買飲料，才有機會坐一坐。

KUC Space 就是要打破這種「要是不消費，就沒有休息的空間」的城市定律。來到這裏的人，除了身體得到休息，心靈亦被安慰。

Maggie 憶述：「曾經有一位長者來到這裏，看起來很疲累，我問他發生什麼事。他跟我談到小時候被教會人員拒絕的往事。以前的傳教士會定期派發麪包和餅乾等物資，年紀小小的他去領取時，教會人員卻對他說：『你不能來到這裏』，這份被拒絕的感覺一直縈繞在他心頭。雖然他沒有信仰，但他問為什麼神愛世人，卻允許這種事情發生？」

Maggie 沒有馬上回應，只是默默的聆聽。之後，那位長者不時再來這裏，跟 Maggie 談天。Maggie 沒有否定他被教會人員拒絕的感受，也從不論斷他這個人，因此那長者慢慢地改變了對教會的印象，再次信任教會這個羣體。

「有一天，他特意來到這裏，告訴我他的孫女過身了，然後就離開。對於亞洲人而言，死亡是一項禁忌，我跟他沒有任何血緣關係，他竟然願意由家中出來，只為了跟我說一件對他很重要的事。因為這裏讓他有安全感，清楚當自己來到這裏，就不再孤單，亦知道我會為他的孫女祈禱，為他祈求平安。」Maggie 續道。

雖然 Maggie 與「顧客」關係友好，但她不會刻意攀談，只會在旁細心留意他們的情況，適時提供的協助。Maggie 說：「有一位顧客，她每天早上都在這裏喝咖啡。見面多了，我就跟她談天，她本是平面設計師，但放下畫筆和畫紙多年。她有一子一女，兒子患有專注力失調及過度活躍症，兩歲半的時候，才說出第一個字。她覺得兒子會變成這樣，是不是因為自己做錯了什麼。」Maggie 一次又一次聽她抒發感受，直至有一天，她想通了，就再次執起畫筆做創作，作品也曾在這裏展出。

每逢見到有顧客在繪畫，Maggie 都跟對方說：「要是你準備好，隨時可以在這裏做展覽。」他們免費開放場地供人展示作品，而作品也可以買賣，所得的收入全歸給創作的藝術家，「當然也可以選擇捐一點給我們。」Maggie 笑說。

他們每個月都會支持或贊助不同的社區組織做藝術活動，讓弱勢社羣、關心性別議題或政治題材的單位有機會發聲，例如：有關天水圍的相展和六四天安門的畫展，他們又定期舉行晚間音樂會，讓非主流的音樂人有機會演出。

回到起點的勇氣

這個空間為社區帶來一片淨土，讓不同的人有發揮的平台，又深得飲食網站的推崇，一切似乎有聲有色，他們卻由 2016 年中開始，不再供應午餐、咖啡和糕點。為什麼會有這個決定？

Maggie 牧師希望教堂空間為社區每個人帶來安靜。

Maggie 說：「KUC Space 已經營四年，是時候來一次轉變。這幾年來，多謝社交平台或不同網站的推介，讓很多人認識這裏，可是大部分人以為這裏是一間餐廳。然而這裏不是餐廳，從來都不是。」我得承認，當初邀約 Maggie 做訪問時，也用「社區廚房」來形容，幸好得她指正，「我們發現款待社區與做生意，二者不能同時並存。愈來愈多人光顧我們，就要製造更多食物。餐飲的收入是我們主要的經濟來源，但買食材的費用亦相應提高，忙碌過後，都只是收支平衡而已。」

「有一句諺語一直提醒我，"We wanted to be a well-fed cat, but we didn't want to be a fat cat."，由第一天經營這裏開始，我們就確切地知道，賺足夠的錢，夠飽足就可以，不需要過多。」

不過，怎樣才算是賺得足夠？「在結算單上沒有紅色字（即是虧蝕）！」Maggie 大笑，「我們花了很多力氣應付大量的客人，賠上很多體力和心力，令我們沒有時間接觸有需要的羣體，阻隔了我們與他們同行的關係。」

KUC Space 的轉型計劃，聽來好像錯失賺大錢的良機，但細心一想，其實是一個非常有智慧、澄明清心的決定，「我們最初是想提供一個可以讓任何人都能夠使用的空間，現在只是回到起初的原點而已。因此，這裏的大門仍是打開，星期一至五中午十二時至二時，大家可以帶自己的餐盒到這裏用膳，其餘時間就會提供場地予社區團體租用。」Maggie 說。

最後我問 Maggie：「KUC Space 作為一個把空間還給社區的實驗，做了四年之後，你覺得成功嗎？」她露出一個饒有深意的笑容，「要看看『成功』的定義是什麼。如果是經濟上能夠自給自足，又賺到一點利潤，同時可以歸還最初的起動資金給教會，大概有八至九成『成功』吧，差不多做到最初想做的事。」

我想餘下的那一成，也是最重要的一部分，就是竭力為社會上弱勢的一羣，留下一個歇息的空間。可是，空間在香港是何等的昂貴，人人都想盡辦法，用盡每一寸空間去賺更多錢，可能不知不覺間忘記了最初想做的事。能有回到初衷的勇氣，或許是這個窮得只剩下錢的時代，最需要的東西。

後記

KUC Space 仍於星期一至五中午開放給大眾自由使用，平日亦借予社區團體。每月其中一個週末晚上，並讓九龍佑寧堂的少數族裔朋友，開辦「難民晚餐」，分享不同地方的食物及文化。

WE

「他們相信，沒有溝通，就沒行動。」

人多好辦事，把不同的資源、網絡連結起來，自然能擴展影響力。但當人多意見多，也會如二人三足般，艱難地前行。此時，除了莫忘初衷，還要莫忘溝通，別因為怕浪費時間，而跳過建立共同語言的階段。

行動可以依賴一時的熱情、新鮮感而開始，但若要長遠推動改變，就一定要經過多番討論、思索，再連結公眾。始終，我們是希望以行動，帶動思想的轉變，再推動更多有意思的行動，滾滾不斷。

好宅：

共住背後，藏了更大力量

「兩個女孩子，決心把基層家庭與良心業主連結，不止解決眼前的居住問題，還要連同全香港業主，改變香港的租務問題。」

文—林蕙芝
攝—黃國榮
17-01-2018

任真（Jay）和李清風（Summer）兩位畢業一年多的年輕人，在「關注草根生活聯盟」工作，主力關注基層住屋需要，讓低收入家庭獲得生活保障。她們的具體行動是政策倡議，常要跟街坊開會、組織遊行請願、向政府遞交意見等；同時也辦社區共購、導賞團等。

在工作中，她們看見基層街坊上樓（公屋）無期，要租住劏房或其他更惡劣的環境，小孩子的成長，甚至大人的健康和精神壓力都受到影響。要改變這個狀況，需要很多方面的配合，Jay 和 Summer 認為重新推動租務管制，才會讓基層住戶有保障。「大家或者忽略，其實業主的租約條款也很重要。」

租約條款，就是業主單方面訂立的租約細則，例如「一年生約、一年死約」，意思是業主可以在合約完成第一年後，隨時不續租，趕走租客；也可以不寫明單位維修責任，又或死約完結後的加租幅度，租客的權益完全沒有保障。

她們推動租務管制，[1]就是想改變業主這些無理加租、任意終止租約的行為。任真解釋，「即使付出昂貴租金，也可能被業主隨時濫收水電費，並換來差勁的居住環境。當死約完結後又會隨時給加租迫遷，即使一直做好租客、準時交租也沒優先續租權。」

可惜，政府現時傾斜於業主利益，認為「租務管制」弊多於利，沒考慮基層租客處境。那兩個小妮子如何改變政策？「我們想從改變民間業主做起。」要說服業主，談何容易；年輕的她們說，「我們就用共居的方式，作為倡議『租務管制』的方法！」

於是，她們不止利用倡議、請願的方式，而更以創意的「共住」的形式，連結更多力量。

由組織幹事化身睇樓專家

Jay 和 Summer 兩條腿走路，一邊尋找良心業主，說服他們接受舊時的「租務管制」，訂立合理租約。另一邊廂，配對基層家庭合租這些業主提供的單位，共同攤分租金——藉着共住，推動倡議「租務管制」。計劃名為「好宅」，於 2017 年初啟動。Jay 於翻譯系畢業，擅於溝通，主力負責探訪基層、招募良心業主；Summer 就讀社工系，則負責倡議「租金管制」及基層生活保障政策、申請資助基金等。

頭半年是艱難的，她們幾乎找不到業主，而接觸的基層家庭不少一聽見要

●1 自 1921 年至回歸後，政府為讓租客免受無理加租、任意終止租約等影響而設立「租務管制」條例。可惜 1998 年及 2004 年，先後取消了「租務管制」中的租金管制及租住權保障；現時業主可在死約之後，隨意加租及隨時終止租約，從此租住條約偏袒於業主利益。

共住單位就猶豫。直至年中，柳暗花明，「就是陳帆講了一句，幫了我們！」Jay 說，原來 2017 年 7 月運輸及房屋局局長陳帆說有意推出社會房屋共享計劃，招募業主低於市價租出單位，為未上樓的基層人士提供過渡房屋共住。Summer 感到驚喜，「突然社會有氛圍去講共住及社會住宅，業主和街坊也比較理解我們做什麼。」

此後開始有業主找上好宅，「原來不少人都擁有一些空置單位，知道社會房屋的概念後，願意接納我們的建議；有些甚至是上一輩人，覺得遵行租務管制是好事。」

Jay 和 Summer 成為了「睇樓」專家，這大半年不停跟業主睇樓，「我們學會隨身帶尺，又學懂檢查水喉、天花，一天參觀幾個樓盤是等閒事。許多人擔心我們兩個女孩子的安全，又說會有蟑螂昆蟲，但睇樓過程其實沒想像中可怕。」

至於找租客則較容易，有經濟及住屋需要便成，她們參考關愛基金「N 無人士生活津貼」申請條件[2]，同時住在不適切居所，或有急切搬遷需要就可。「至今約有數十個家庭輪候，有些由社工介紹。配對也很花時間，因為要同一性別（十二歲以下兒童除外）才可共住一室啊。」

一個普通家庭成功租住一個單位也不容易，更何況配對幾個家庭共住一室？最大問題，會是錢。

裝修費用最棘手

業主提供的單位，不少是要略為裝修的殘舊唐樓。Jay 說，「即使有數十個業主找上門，最終願意付幾萬至十幾萬裝修費的人實在不多，也沒有太多裝修師傅會接這些『無肉食』的工程。」

她們於是申請 SIE Fund 社創基金，獲

任真（左）和李清風（右）成立了好宅，曾於書店的 Error Friday 分享會上談「住在香港，是不是我人生的 error」。

得十萬元營運費用及租戶搬遷津貼等資助；同時成功說服三名業主自費翻新單位，改動共住單位的間隔及加裝浴室，「其實很難要求人家出豉油又出雞，能遇上這幾位無私的業主真的太好了！」

幸而在 2017 年 11 月，好宅成功配對首三個家庭租住九龍城一個唐樓單位。現時共住的三個家庭，包括一位單親年輕母親和年幼兒子、一位年輕女子及一位年老婦人，都跟業主先簽訂兩年合約，每戶租金由三千至四千元，租約完結後有優先續租權，讓他們生活穩定。

可惜好宅配對家庭與住宅的過程甚為緩慢，即使還有一個佐敦及油麻地的單位正在裝修中，將有十六個家庭受惠，仍是杯水車薪，加上至今仍是免

•2　關愛基金的「非公屋、非綜援的低收入住戶一次過生活津貼」。

費的中介服務平台，只能乾等維修資助基金的申請批核。僅集二人之力，實在路難行。

壯大良心業主的羣體

好宅原不是以共居去解決香港當前居住的困難，而是長遠地做政策倡議的深耕工作，所以她倆很清楚困難雖大，仍堅持做夢，「現在要勞煩相熟的地產公司幫忙簽租約，我特地考了地產代理大牌，就是地產代理（公司）牌照，將來或可開『好宅社會房屋地產公司』呢！希望良心業主這羣體愈來愈大，大到有足以影響改變香港的租務市場的一天。」Summer 笑說。

「我們沒有過於着眼在共居生活的營造，只跟租客一同訂立共住規則，讓他們有機地混熟，有問題發生才介入調解。」三個家庭入住了兩個多月，Jay 觀察到奇妙的事情正慢慢發酵。當那單身女生每晚聞到「隔離飯香」就很想念住家飯的味道，那單親的年輕媽媽也樂得認識新朋友，「他們開始一起吃晚飯，小兒子又喜歡跟大姐姐玩，大家互補不足。共住對孤單無援的家庭也帶來了好處啊。」

「缺乏和氣餒不一而足，我們仍會堅持尋找坊間少見的良心業主，如此才不再讓上不到樓、租不起樓的基層受苦。」兩位行動力很高的小妮子，談罷又帶着青春和熱血去頻撲睇樓了。

好宅推動的「租務管制」合理租約部分內容：

1. 收取市價八折甚至更低的租金；
2. 原租客有優先續租權；
3. 合約完結後加租跟從通漲率，不多於 10%；
4. 租約訂明不濫收水電費；
5. 建議把部分租金納入租出單位的維修基金。

後記

好宅繼續配對良心業主與租客，提倡「租務管制」合理租約，至今有近三十位業主有意參與計劃。

維修香港：

用洗樓維修香港的社區意識

「一班師傅、一班中年婦女，加上幾位青年人，成為在舊區服務的新形態、新方法。」

文—司徒咏姍、黃煜華
攝—黃國榮
15-07-2015

「維修香港」，標記是黃底黑色的字款，加上士巴拿和鎚仔，令人不其然聯想到一班「職安真漢子」，以他們強而有力的臂彎，解決弱勢社羣的各種家居問題。「我們不止是維修家居電器啦，這是一個民主運動。」發起人之一阿龍說，很認真。

除了一羣專業的技工師傅，維修香港成員還有家庭主婦、學生、地產經紀、社運朋友等等。他們心目中的維修香港，不僅僅是維修家居器材，更是維修社會制度、民主思維、社區意識的一項漫長工程。

維修香港在 2014 年 12 月開始運作的。它的三位發起人，驟眼看起來，像是一個「大纜都扯唔埋」的組合：

阿龍，後生仔，穿背心短褲踢拖，戴草帽，一直參與不同的社會運動，「百足咁多爪」；鬍鬚佬，中年男士，蓄了像林子祥的二撇雞，有三十多年經驗的油漆師傅；至於Sandy，中年太太，輕易與老人家街坊打交道，從事社福機構，關注隱蔽老人。

一個維修基層家居的思想運動

不同背景，不同年齡，卻因為雨傘運動在金鐘佔領區認識。「我們都思考整個運動往後要如何走，就算將來我們真的有選擇權（可以選特首），社會問題有解決到嗎？」鬍鬚佬說。如果大家不認識社會現實，不了解自己作為公民、社區一份子的力量，即使有真普選，許多人還是不懂選擇，只追隨「蛇齋餅糭」。

邊佔領邊討論，在10月初，他們有一個想法：透過洗樓、維修家居，接觸基層市民，既改善他們的生活，也希望引發一場思潮覺醒。「哈，我還記得我們是在立法會旗桿附近，正式成立維修香港。」

透過阿龍的網絡，他們借用了土瓜灣一個社區組織的地方作為聚腳點。每個星期三，大家晚飯後開始集合，略為報告，就分小隊去擺街站、派傳單或是「洗樓」。

6月一個又濕又熱的星期三，我們跟着他們，一同洗樓。「我們每次可以探訪的街坊也不多，最多是三四個，希望可以慢慢建立關係。」Sandy說，「民主教育，其實也只能是細水長流。」

我們走進一幢唐樓，沒有大閘，樓梯比較陰暗潮濕，有少許貓屎味。先拍了一戶在低層的門，屋內有光，但任由Sandy再拍門、解釋，戶主也沒有開門。「也不可以強求的。」另一位成員，同樣是媽媽的ET說。於是，就轉戰了另一個單位，這回拍門不久，就有一位白頭伯伯出來應門。經過Sandy和ET的解釋，戴先生邀請我們進入他家。

分工合作，關心老街坊才是重點

一個差不多七百呎的傳統唐樓單位，在這區罕有地未變成劏房。「噢，改建太麻煩，我們都這麼老，不如舒舒服服在這裏渡過餘生。」從房間走出來的戴太說。此時，跟我們一起上樓的電工師傅阿良已經一個箭步，跟戴生入廁所看那壞了的熱水爐。「維修香港」小隊一分為二：師傅維修家電，師奶關心老人！

Sandy和ET與戴太傾得很高興，了解他們的家庭狀況，看他們有沒有需要協助。「我們呀，經濟狀況還可以。我先生？佢從前做影相。仔女都好大，孫仔也跟你那麼大，大學畢業。」接着，了解他們對社區的意見。「全街都沒有消防喉，若果起火都不知道怎麼辦！」回南天時，樓梯會更潮濕，住客寸步難行，加上處理垃圾時清得不乾淨，一倒水就誘發垃圾臭味。「樓上有很多劏房，特別多垃圾。

Sandy（左）、ET（中）正了解戴太一家的需要。

混了垃圾的水一流下來，有時還會弄污門口。」提到土瓜灣重建問題，戴太就說：「之前已經重建過一次，但搬來搬去，重新搞過東西真的很麻煩，我們年紀又大，怎適應？不如住到走（百年歸老）便算數。」

ET說，平常洗樓她都是負責關心老人家、獨居劏房客、新移民、少數族裔，聽他們的故事，看看他們有什麼需要。「有時，他們真的連去哪兒申請援助，怎樣帶仔女去參加活動，也不知道。」資訊不流通固然是問題，Sandy認為那份「認命」的心態才是核心。

「我工作時接觸好多老人家，他們捱苦捱久了，都麻木，覺得自己住得這樣差、生活這樣艱難是必然的，是自己造成的。」她說，「他們不懂申請援助，或者不想『依賴』政府——我們就是要告訴他：你是我們的一份子，這些資源是你應得的。」

義務電工師傅阿良幫戴生檢查電掣。

跟戴太傾了差不多大半個小時，電工師傅阿良終於從廁所出來，告訴兩位老人家他的「診斷」：「那個電熱水爐一定要換了，舊的已不合資格。你們可以去樓下的電器店買——千萬不要求其買二手或者內地牌子，可能不合用，也容易發生意外的！門口的電掣也相當舊，我過兩天來幫你們換過吧。」戴太笑咪咪，不斷說：「你們真好人事啊。」

社區工作就是民主工作

阿良加入了維修香港差不多半年，笑言自己雖然是電工出身，但「街坊要整咩都要整」，試過幫人砌牀，又試過幫獨居婆婆買滅蚊機，山長水遠送入屯門。有一些街坊已跟他建立了友誼，甚至「有工齊齊開」。「之前有個家庭的媽媽是做地盤的，知道我在地盤做電，說有工開就預埋我。怎知過幾天，真的打來叫我開工。」阿良笑說，摸摸頭，「不過那陣子我都有工開，就沒有去，但很開心，他們真的當你朋友。」

另一位成員阿Max，讀中大政治及行政學系，雨傘運動之後，也有跟同學到大埔擺街站嗌咪。他認為洗樓是長遠做社區民主工作的必然一環。「我們嗌咪，可能有好多人來拿傳單，他們會知道我們的理念、主張，但沒法建立關係。我在大埔擺街站咁耐，沒有一位街坊會認得我，但來土瓜灣洗樓幾個月，已經有街坊跟我打招呼。所以兩者是互相補足的。」

其實，洗樓是許多傳統黨派，或是建制陣營在選舉前夕的慣常技倆。鬍鬚佬和Sandy說，維修香港也是洗樓，但「不是要他們一定要變黃絲，或者投票俾泛民」。

「無論街坊是藍絲、黃絲，我們都照幫，」鬍鬚佬說，「我們只是想幫他們搞清楚社會的現況。早幾日梁振英話下年有兩萬個新單位落成，好多婆婆公公會以為那是好事，自己有份。他們根本不知道那是他們無法負擔的私人單位。」除了房屋供應、土地問題，還有三跑、高鐵，有機會就向街坊們解釋清楚。Sandy說：「最後街坊投票選哪個都不是重點，要他們明白自己在選什麼，這才是民主。」

要維修全香港，單靠他們三十、四十人不夠。「現時社交網站盛行，網絡四通八達，已經有一些離島的朋友認識我們，希望我們可以去幫忙，奈何人手真的不夠。」ET說。他們一方面開辦不同的維修班，例如早前的「油油樂」就由鬍鬚佬傳授三十年的油漆功夫。大學生Max說：「希望街坊學了，可以互相幫忙，這才是社區營造的重點。」

另一方面，他們亦積極在網上招收義工。「你不一定要是師傅，只要想落地做民主工作，就可以來。」Sandy說，「有多些人跟街坊解釋社會發生什麼已經好好了！」

後記

維修香港義工團隊人數持續增長，在上門維修之外，也開辦街坊工作坊、導賞團、擺街站、參與助選及遊行。

閒地攤：

送舊物到地攤再生的拾荒青年

「把閒置資源，送到基層手上，除了派發物資，一羣青年人想出了另一個方法。」

文—林蕙芝
攝—林蕙芝、受訪者
07-09-2017

當你手上有不再合用的物資，你會怎麼做？

最便捷的方法是丟到垃圾桶；花一點功夫的話，清潔後送給慈善機構，代為轉送；再麻煩一些，找合適的朋友收留，最後多數又不了了之，還是逃不了放進垃圾桶的命運……

大學畢業不久的梁啟業（Chris），從事研究工作；他一直對物件要送進堆填區感到可惜，卻想不出方法；直至搬到深水埗，遇上街坊在北河街一帶擺二手地攤，讓他拓闊了想法：「一般人看到地攤就只會想到貧窮、髒亂，但我看到街坊真的會到地攤消費，用廉價把舊物帶回家。地攤並不是垃圾堆，而是一個讓舊物再生的地方呢！」

於是，他跟朋友於 2017 年 4 月創辦「閒地攤」，收集物品，無償送給地攤檔主，「既幫到長者生活，又讓物件找到好歸宿，不是很好嗎？」這羣年輕人，如此就開始收集舊物行動，不過困難一個個迎面而來，「單是支付舊物的運費、應付食環已經好累，」梁啟業和成員們向我苦笑，「好多意想不到的事情要處理。」

草創社區行動是靠一腔熱誠？不，解決社會問題，從來就不是靠一步到位，這是閒地攤的學習。

資源收集易，收入增長難

閒地攤不是突如其來的意念，而是醞釀於義工服務組織「義遊」（VolTra）。Chris 和部分成員都來自那裏：「我們一向喜歡做義工，也很關心社會議題，特別是貧窮。前陣子，我住進深水埗劏房，跟基層街坊住在一起後，扭轉了我對貧窮的很多想法。」

依 Chris 的觀察，他老家沙頭角、上水附近的長者，多數只能依靠執拾紙皮幫補家計，但在深水埗，基層街坊的生活方法卻很多元，「他們既可等候有心人派發飯盒和物資，又能執拾舊物拿去擺地攤墟市，自己也透過逛地攤來消遣。而像我這樣的劏房住客，因環境狹窄酷熱，晚上多會離家閒逛，地攤成為好去處。」

他發現深水埗地攤墟市的檔主們，每晚雖然收入不多，但因擺檔時間有彈性，也沒入場費或擺賣門檻，不少主婦、長者甚至殘疾人士都參與其中。2016 年聖誕他跟義遊朋友做了個名為「聖誕圍城」的分享活動，在深水埗通州街公園的樹上和欄杆上，掛起二手衣物讓有需要的街坊自由取用；接着的農曆新年也在天水圍做同樣形式的「團圓圍城」分享，「兩次行動的反應都很好！最大的發現是，原來收集舊物資很容易，只要在社交平台發放消息，也請環保團體幫忙呼籲，大家就一呼百應。」

一羣閒地攤成員，一個月總有幾天，來到深水埗把二手物品送給地攤檔主。

Chris 認為這行動值得長期進行，於是聯同幾位義遊朋友，包括碩士生羅倩晴 (Jasmine)、大學生周凱儀 (Suki) 等，嘗試從網上收集舊物資，送給深水埗地攤墟市的檔主們，用這概念組成閒地攤，並以此參加社會創新行動計劃的比賽，[1]「我們首先獲得二千元作為第一筆營運基金，很開心被認同！」其後陸續獲得其他社創比賽獎金。

他們不斷收集物資，每個月出隊兩、三次，把物品送給地攤長者。「我們的開支主要用在租貨車運送物資。成員會四出回收，出隊那一晚從幾個成員的家中，把物資運送到深水埗，然後租用體育館的壁球場分類入袋，再出發送東西。」

•1 特「義」公民訓練計劃，為賽馬會與「義遊」合辦的活動；鼓勵年輕人組織義工團隊，探索人生意義。

幾千元如此使用，很快花光，Chris 苦笑，「每次光是從我家運一車東西出來也要幾百元！」留意網上購物潮流的女生們提議試搞網上義賣，而這竟成為讓行動持續的點子。

「收集得來的東西，有些是『新淨』的，例如新裙子或名牌手袋，它們不適合送去地攤，就放到在網上義賣。因為物件本是免費得來，也讓大家自由開價。」Suki 說至今已收到近八百元義賣金額，「成績不錯，我們以後都會繼續。」他們也考慮邀請有私家車的朋友幫忙，節省部分運費。

物資囤積，何處容身

除了入不敷支之外，還有土地問題。

「現在我們尚未要自己『揹荷包』，但這麼多物資，總要找地方存放啊。」Jasmine 說，他們最需要解決囤積物品的問題：「幾千件舊物，堆滿各個成

員家中。我們曾借用義遊的辦公室，也試過以便宜的租金租用朋友的辦公室和儲物倉，但既不夠錢長租，空間也不夠放。」

當然啦，每次出隊，砂煲罌罉、杯杯碟碟、玩具、書包手袋這些大件頭東西佔最多數。他們已明言不收大型電器，卻仍收到其他海量的日常物品。一個週末晚上，我就參與了行動，看着五百多件東西佔滿壁球場大半，實在很難想像如何儲存及搬運。

他們後來想到的解決方法是，讓捐物的市民在出隊當晚交收物資，「先請捐贈者拍照給我們看，合適的才約在出隊當天到地鐵站交收。那麼，物件就不用儲存，也不用運費啦！」

Chris 指也因物資太多，他們已發展出另一 project，「我們會去一些教會或地方舉辦免費送出舊物的地攤，名為『得閒捨』，例如暑假就搞 free 文具和書籍，這樣就多一個渠道讓舊物重生。」是的，2018 年香港的三大堆填區將會飽和，如此多方面的行動，才能從堆填區中，把有用之物救得一件得一件。

遇上食環，面對驅趕

他們每次行動，核心成員加上新朋友，總有十個八個。在出隊的星期六晚八時左右，會分成兩、三個人一組，把沉重的舊物，分類成一袋袋，送到北河街、鴨寮街給售賣相關東西的長者手中，直至十時許完結。派送物資不涉及金錢交易，卻也感受到食物環境衞生署執法的壓力。

Jasmine 猶有餘悸地說，「有幾次我們派舊物時，看到食環署人員不斷驅趕檔主和遊人，他們看到我們，也不問緣由要我們立即離開。我們暫避鋒頭，待他們離去再出來，也有一次親眼目睹食環署充公了一位伯伯的物資和手推車。」

政府在管制無牌販賣活動上，主要以無牌擺賣及阻街理由作出控告。檔主要是無牌經營，也的確違法，但立法會文件早已指出，食環署近年是採取「先警告後執法」的原則。問題在於食環署人員是如何執行程序，有否作出合理警告才執法。「有些公公婆婆們很醒目，一遇食環就用布蓋住貨品，食環人員也就不一定拘捕他們。後來我們累積了經驗，留下幾位成員看守物資，另外幾個人就看看哪些攤檔的長者有需要，記下地點，待食環走了，就拿物資過去。」

Chris 說每次遇上這些場面也不好受，「這讓我們更體會長者們在法律隙縫中生活的辛酸。」

物資再多，也不及一句問候重要

地攤檔主有老有嫩，有中國人也有其

他族裔，他們如何選擇派發物資的次序？「我們先給長者，因他們找貨源的能力可能較低，其次就是帶着小童的婦孺。有時我們也會問一些中年男士檔主，但他們都會婉拒，說先給旁邊的婆婆。」

不過，Chris 不好意思地說，男生有氣力去搬物資，卻未必懂得跟長者溝通，「我以前很害羞，送完物資給婆婆就走，竟是她們主動跟我談天，讚我乖仔。」原來關心長者，才是他們要面對的「終極任務」！

Suki 也記得有次有位婆婆突然走來跟她閒聊，「說着說着，她說很肚餓，想吃飯，我們都不知怎樣做。最後當然給她買飯，解決她眼前的需要。只要細心地跟每一檔地攤交流，檔主也會跟我們分享他們的困難和經歷，也不一定是心酸的故事，好像有次一位伯伯說他晚上擺地攤，但日間會教小朋友打鼓，這些交流都很有趣。」

「以前我們都較少接觸地攤和基層長者，現在才發現他們是我們城市的日常，城市也不只有五光十色的一面。」Jasmine 藉此找到跟街坊認識的契機，「我想地攤對人人的意義也不同，有些人以此維生，有些人渴望買到便宜物品，有些人則來找人聊天。」

而對於他們來說，地攤的意義還包括讓地球減廢，讓長者被關懷，也讓更多人理解地攤和墟市的存在價值。這些元素，不應該只由這十多個青年人去完成吧！我們每一個人又可以怎樣發揮解難能力和想像力，去照亮城市黑夜中，一羣被遺忘的人和物？

後記

閒地攤稱因資金所餘無幾，無法承擔貨倉租，於2018年5月進行最後一次收集舊物的公眾活動，陸續把剩餘物資處理及轉贈後，團隊將休息一年，以其他方式開展資源共享的社會實驗。

GreenPrice：

只售過期食品的超市

「香港每天浪費的食物如一座山般多，他們決心以一盤小生意的形式，讓更多人學會珍惜食物。」

文—林蕙芝
攝—黃國榮
30-06-2017

「無陰功呀，賣埋啲過期嘢！」

「後生仔，過期食品，會唔會食壞人呀？」

「你哋真係廢青，賺黑心錢！」

在觀塘工廈駱駝漆大廈，每逢假日都水洩不通，因為這裏不僅是貨品以批發價供應的熱點，還有比市價略平的生蠔、刺身、紅酒及巴拿馬火腿等高價食材。大廈有一家小店名叫GreenPrice，食品價錢比批發店更便宜，包括十元三包的韓國撈麪、二十元一大桶英國白朱古力……都是低於市價四折的外國及本地食物，叫饞嘴的人喜出望外。但看真一點，食品上的日期標籤，全都過了「最佳食用日期」或 best before 約一至兩個月……客人於是經常有以上「指控」。

賣過期食品，不怕被控告嗎？不怕食壞人嗎？年輕店員帶着微笑請我試食，「你看看味道、質感有沒有問題，有否『中伏』？」

Terence、Chereisa 和 Ben（左至右），以大學生身分創辦「GreenPrice」，只為減少食物浪費。

不如就一邊試食，一邊聽聽三位大學生開這間過期食品超市的故事。

「有沒有方法減少食物浪費？」

我是 Terence，暑假後將升 Year 3。我一直對環保很有興趣，以前在「惜食堂」做義工，把剩食煮成餸菜派給長者，在那裏聽到香港人每日丟掉約三千噸食物，包括沒有開封的過期食物、品質良好的蔬果、吃剩的食物等，不單浪費，也令堆填區增加負擔。當時我一邊幫街坊裝飯一邊想，「有沒有更好的方法，去減少食物浪費呢？」

直至去年年初，我參加了 Good Seed 計劃，就是讓年輕人一起想想有什麼新的想法，創辦社企去改變社會的課程。我順理成章加入當中的環保議題組，認識大學生 Chereisa、Ben 和快將畢業的 Alison。碰巧我們四人都是商科人，比較投契。

大家在 Good Seed 的課程中，有次邊吃零食邊談天，想到自小長輩教落「過期食物食壞人，唔駛問都要掉去垃圾桶」，但近年又有許多環保人士倡議，食物只是過了最佳食用日期仍可食用。那不如找找研究資料，看看「最佳食用日期」和「此日期前食用」的分別，看看過期食物是否可以吃？因為大學生無嘢叻，最叻找資料嘛！（笑）

我們發現地球之友跟香港浸會大學曾於 2014 年進行一項研究，即使食品已經過了「最佳食用日期」數月，食物含菌量仍遠低於食物安全中心所定的最高標準，原來「最佳食用日期」並不是食物的死線，吃了也不會影響健康。法國數年前早已討論取消「最佳食用日期」標籤的可能性，認為這或可阻止大量食物被丟棄；而英國更有一間專賣接近或超過「最佳食用日期」的網上超市 Approved Food，每年生意額高達數百萬英鎊，丹麥也有一間同類型的 Wefood，很受當地人歡迎。

但，在香港會不會犯法呢？我們又找法律資料，發現售賣「此日期或之前食用」（Use by）的食品才算違法，但售賣超出「最佳食用日期」（Best before）的食物則不屬違法。

我又聽聞，本地一些超市會把還有半年才到「最佳食用日期」的食物下架，退還給供應商，讓它們在貨倉中白白放置，然後丟掉——食物沒有錯，為什麼要被放棄？真的令人很嬲。

咦，突破了這麼多「盲腸」，似乎我們都可以參考外國例子，開一間社企，賣只過「最佳食用日期」不久的食品超市。於是，我們寫了一個建議書，在 Good Seed 計劃完結前 present。

結果，我們勝出了，同時獲得社創基金 SIE Fund 十萬元！

拿着這十萬元，我們幾個大學生很興奮，但一想到要找舖位、入貨、營運及分工，而且還要返學，就很頭痛……能等多幾年，待我們都畢業了才搞嗎？

不，香港每天都有大量食物被丟到堆填區，問題實在迫在眉睫，而許多人也對「此日期或之前食用」食品有太多誤解，真的不能再等了。

知道朋友的朋友貨倉兼辦公室，星期六日閒置不用，他們願意只收取我們每月幾千元租金存貨及營業。就在 2016 年 12 月，開始了 GreenPrice。

回想當初真的很慘，一些食品供應商不明白食品即使已過「最佳食用日期」仍有價值，不肯供貨給我們。另外，為怕別人當我們是嚫仔而不肯合作，還隱瞞學生身分傾生意。起初我們只在網上賣貨，生意不太好；去擺市集，百幾蚊生意都沒有，連租枱費也蝕了。又有客人一聽到我們賣過期食品，就罵我們是「廢青」，賺黑心錢。

原來跟一年換一次莊的學會不同；做生意，是一條不歸路。

「每次解釋、說服，就是減少一個人浪費食物」

我是 Chereisa，暑假後升 Year 4。我沒有上莊，一直專心讀書；因為修讀關於營運社企的科目，去年參加了 Good Seed 計劃，認識了他們，一起開了 GreenPrice。

草創時很艱難，單單入貨已是一大問題，逐家逐戶拍門請求入貨也無人理睬。幸好，我搭路認識了大學的食物供應商，他們認同 GreenPrice 理念，把已過「最佳食用日期」的食品賣給我們，後來有多些供應商信任我們後，才能成功入貨。

我們買貨，訂了一些準則，例如不賣超過最佳食用日期後三個月的食物、不賣容易變壞的奶類及主糧，也多入口外國有機食品等。我們希望基層街坊負擔得起優質食品，定價一般比市價四折甚至更低。當然，我們都曾試食，覺得沒有問題、味道好才賣！

但我們以前常入錯貨。有時入貨太多，囤積了；有時又供不應求。最好笑是的是，我們以為店舖很受年輕人歡迎，但他們只會去便利店買零食，慢慢發現原來 OL 和太太們最愛來購物。餅乾、朱古力、糖果、杯麪就最受歡迎，而囤積的貨，過了「最佳食用日期」三個月，我們就捐給社區組織，總算沒有浪費。

面對客人，我們要花時間耐心解釋，讓他們在店舖試食、沒有拉肚子才放心購買——因為開這間店就為教育大眾，每次解釋、說服，就是減少一個人浪費食物，很重要的。可幸每次說完，客人都會明白；有次更有一個婆婆特地搭很久的車過來，說很欣賞我們呢！

我們幾個大概一星期返學兩至三天。四人的分工是這樣的：我負責會計；Terence 口才好，負責公關宣傳；Ben 有興趣 IT，負責建立入貨系統及營運；Alison 則專責採購，加上她剛畢業，就做全職店員。

GreenPrice 盤數如何？因為星期六、日在貨倉外開了實體 Pop up 店，我們又常去學校、機構及社區中心分享，愈來愈多人認識。現在我可以有信心答你，Alison 每月有糧出，我們三人亦有少許津貼，生意開始步向收支平衡，也希望將來擴展 GreenPrice 的規模，令它 sustainable。

不過，有時也挺累的。我每晚都要回來埋數，有時甚至一個人留到半夜一點，但能夠學以致用，我覺得很有意義，因為這真的在幫助地球。而且，讀書成績好，也不代表可以實踐知識和理想。

碰釘的時候，強調 trial and error

我是 Ben，下年升 Year3，在 GreenPrice 負責營運。營運是做什麼？大學沒有教你的，書本教的理論都是宏觀的全球經濟體系分析，怎會教你開一間社企小店？

我們都是上網找資料，學習一間店的經營方法。像我，就自己設計了一個入貨、存貨的電腦系統；同時也要做物流、收貨送貨。因為省錢，常常一個人叫輕型貨車交貨，既要推車又要運貨；去市集更辛苦，要帶同貨物、貨架、易拉架等，有時因為大家都要去不同市集或看店，只得一個人去做，真的超辛苦。

我起初更難以平衡學業、拍拖以及

在GreenPrice的時間。Year 2第一個學期時，因要準備開業，幾乎天天處理GreenPrice的事情，跟家人、朋友、女朋友相處的時間非常少，又常常忘記交功課，試過兩、三次過了deadline，我以前交功課都很準時的！

慢慢到了第二個學期，適應了返學返工的節奏，學會把所有要做的事情記在時間表，便不再忘記重要的功課，成績竟比之前好。不過，我的大半副心神都已放在GreenPrice，例如上課聽到一些企業例子，會想能否把當中的營運方法放到GreenPrice呢？吃飯時會想，如何拯救更多食物呢？有時供應商打電話來，也要立即奔出課室接聽。

最多時間，是思考如何改善GreenPrice刻下的問題。是的，因為開店才大半年，難免出錯，例如送錯貨、入錯貨等……這是我們第一次營運一盤生意，更是香港第一間過期食品超市，兩件事結合在一起，總會犯很多錯、碰很多釘。還好我們四人都很樂觀，抱持trial and error的想法。大家還年輕嘛，可以接受新事情、新經驗，也很願意解決問題。

更重要的，是我們四人會互相補位，彼此幫忙，什麼也落手做。星期一至五，Alison跟我們其中一兩個留在店舖，逢星期六日大家則一同看店，平日遇上問題一定會開誠佈公。我相信，跟他們在一起，我才可以做到這件事——竟贏得創業基金，再拯救被遺棄的過期食品，還要公然售賣，人人都認為我們是瘋癲的！要是沒有他們，我一個人又怎能成事？

不過，當然要有客人支持，開店至今，GreenPrice已拯救了逾三萬七千件食物。當大家一起，做一件小事，就可以為地球減輕很多負擔啦。

後記

GreenPrice 已獲得十個基金及資助支持，並繼續到機構、學校分享環保概念；亦不時到市集擺檔，售賣神奇食品。

共融館：

讓街坊跟巴基斯坦鄰居做個friend

「在小型社區中心，作為連結不同種族朋友的聚焦點，把各方文化都匯聚一起。」

文—林蕙芝
攝—黃國榮
17-02-2017

週五下午，港鐵葵興站附近的屏麗徑小區，零零星星聚集了數夥街坊。巴基斯坦少年湊到花叢邊嬉笑，年長的印度與巴基斯坦大叔，與中國人伯伯，坐到不同的長椅，又或到清真餐廳和五金舖門前，各自跟族人談天。當時鐘踏進一點半，穆斯林陸續走進一幢大廈二樓的清真寺祈禱。小區剩下華人老伯，幾個剛買餸回家的婦女，以及幾個巴基斯坦和華人幼童；孩子一同走到一個叫「共融館」的地舖玩耍、做功課。

誦經、禱告、吃咖喱、打牙骹、買餸、孩童玩樂，就是屏麗徑小區每天的風景。

「我搬進這區三年，當時只貪這裏的房間四正，租金也負擔得來，卻從沒想過會跟巴基斯坦人做鄰居，真的！」年輕的全職母親阿 Ling，懷裏是兩歲的兒子初初，是共融館常客。初初還未上學，每天中午都會到這裏玩，今天剛玩飽，未及回家便睡着了。

對異國街坊從不解到明白

「剛搬來時，我發現我家樓上每天就像播卡啦OK般，總有人在唱歌，後來才知道其中一個單位是清真寺，每天某幾個時段樓梯就塞滿去祈禱的巴基斯坦男人。隔鄰單位又是巴基斯坦人，日日煮咖喱。有時出入會四目交投，但因他們身形魁梧，令我有點害怕。」她尷尬地笑說，以前不會分辨鄰居是什麼人，只一味說是南亞裔——其實葵青區約有超過二千名巴基斯坦居民，屏麗徑的少數族裔以巴基斯坦人為主（也有少數印度、尼泊爾人士），「南亞裔」一詞並不足以形容他們的獨特性。「如果不是有共融館，我不會有機會認識巴基斯坦人，並成為我和兒子的朋友呢！」

共融館，不是咖啡館、麻雀館，也非社區中心；它是2014年由香港聖公會麥理浩夫人中心獲市區更新基金資助後，於葵涌屏麗徑設立的一個社區生活館，透過實體空間，讓來自不同種族而又天天碰面的街坊交流。這些交流，包括展覽、導賞團、工作坊和分享會等，「我是兩年前發現共融館的，先是我的丈夫參加這裏的南亞音樂分享會，後來他也叫我多來參加活動。」

阿Ling在此不知不覺地跟從來不打招的街坊交流，「起初看到共融館門口有巴基斯坦人跟我Say Hi，我有點不知所措，但這裏有華人也有巴基斯坦員工，我想也很安全，於是開始敢於回應，例如Say Hi，問句『食飯未呀』。」

阿Ling誕下兒子後，更多與這些膚色跟自己不同的鄰居交流，「平日會帶初初來玩，後來跟廣東話很流利的館長文叔叔，還有其他巴基斯坦爸爸交流湊仔經，知道他們教育孩子的想法比較自由，例如不想他們太早學寫字，覺得生活技能比知識更重。」從前她誤會南亞裔小孩特別活潑，後來才明白這些異國孩子更懂事，「他們不會像初初那樣，不知道玩得太過分會發生危險；哥哥、姐姐很會照顧小孩，我也從中調整自己的育兒方式啊！」

因為視野的開闊，才能彼此欣賞，這是阿 Ling 沒想過的，也是共融館設立的初衷——讓不同種族的朋友於同一天空下，有一個廣闊的交流空間，拉近文化差異，把誤會、偏見都一一挪開。

由巴基斯坦人當萬事通

阿 Ling 口中的文叔叔，是巴基斯坦裔的 Minhas Rashand（人稱阿文），他是共融館館長，也是員工之中唯一的外籍人士。阿文自九歲來港，居於葵涌，自小對於偏見很有經驗。「我們是信伊斯蘭教的穆斯林，每日要祈禱五次，一般老闆未必明白。又好像去租屋，地產經紀明明已跟業主談好租金，見你是巴基斯坦人，即要手擰頭說已租給別人。」

其實，跟阿文一起，你絕對不覺得自己在跟外國人談天。他完全沒有口音，新聞、市井俚語也瞭如指掌，而且還有很多「爛 Gag」，「我以前做哪行？看更、小販、五金等，還試過『炒嘢』。」炒菜？「就是炒股票啦！」「我怎麼會來到共融館？因為有少少能力啦！」是因為靚仔？「咁我應該去選港男！」我們都笑破肚皮了。

但談到純粹因膚色而被歧視，他不禁皺起眉頭，「我們很多兄弟的工作能力明明跟中國人一樣，甚至懂四、五種語言，就因為外表有點不同，又或中文沒那麼好，人家就不請你，又或把人工壓低，很不公平。」聽着他用流利的廣東話訴說同鄉的苦況，我們身為華人，感覺尷尬又抱歉。

但阿文自言比較幸運，一直不視自己是異鄉人，也不算有太多被歧視的經歷，「我朋友中一半是香港人，一半是同鄉，踢足球的朋友也多是香港人，工作都算OK啦！」自數年前，麥理浩夫人中心在葵涌開展少數族裔小組，他幫忙做義工，後來成立共融館，順理成章當全職員工，成為共融館的萬事通。

採訪這天，他一直忙於在屏麗徑跟少數族裔朋友了解近況，幫他們找工作、轉介政府部門等。甫回到共融館坐下，又有社工帶着一位大叔到來找他當翻譯，查詢如何填寫公屋申請表格；然後有學校老師致電，問他為何學生要回去巴基斯坦鄉下一個多月那麼久。他幾乎沒有一刻安歇。到週末週日，他更化身為導賞員，帶領華裔青年人和街坊遊逛屏麗徑、清真寺、南亞小店等。「香港人比較慢熱，那我就主動一些，叫他們放膽問；因為我們比較熱情，似鬼佬性格，哈哈。」

他覺得，共融館的最大用處，是能夠打開門，讓不諳中文的少數族裔願意走進來分享生活困難；「他們要面子，但當你能跟他們建立關係，慢慢就能為他們解困。同樣，因為有了這個地方，中國人也能有平台了解身邊少數族裔的處境。」他攤攤手，笑道：「其實我沒幹什麼，只是做了巴基斯坦人與華人之間的橋樑而已。跟華人交流，就用香港人的思維；跟同鄉談天，則代入他們的想法。」

聆聽社區需要

或許正如共融館的組織幹事徐斯筠所言，因為有一個真正的少數族裔同事阿文，再加上實體的空間，才能令兩地的文化有了交匯點，把文化誤會變成「長知識」。「記得我初來報到，要採訪對面大廈的清真寺教長。那裏平日不許女生進去，但參觀、採訪則例外。那次明明覺得教長人很好，對答也很有禮，但怎麼完全不與我眼神接觸？難道不喜歡我？」後來向阿文請教，才知道穆斯林不直視女生，是代表尊重。

我們日常生活也正正因着對少數族裔大大小小的誤會，讓誤解的雪球愈滾愈大，彼此產生鴻溝。「談到女性，你又有發現共融館很少巴基斯坦婦女來嗎？」對啊，她們像是很神秘，只能看到面紗遮掩下的大眼睛。「阿文解釋，她們因宗教理由，不能跟陌生男士身處同一場合，加上巴基斯坦人覺得女生像珠寶般珍貴，不能隨便注視；所以我們為她們搞活動時，要請阿文暫時離開，又用布圍住玻璃大門，甚至最後要移師到她們的家，完全要尊重她們的文化。」

這些真實的相處經驗，是書本理論和新聞不能給予的，也正是共融館獨特之處，「我們不是社區中心，沒有太多agenda，平日打開大門，社區發生什麼事，我們就參與。最常見是少數族裔的朋友找我們翻譯、華裔街坊讓孩子問功課又或託管；同時又不少人到來參觀。至於活動也是有機地舉行，由社區需要出發，例如知道有人想看到電影，就問大家想看什麼，然後做社區放映；有巴基斯坦街坊會造枱燈，那我們又搞工作坊。」當然還有恆常舉行的社區導賞團和墟市。

這條街屬於大家

起初共融館成立，曾給社區的華人街坊質疑道，資源怎麼分給「外地人」，「這些聲音我們都會聆聽，因我們不只服務少數族裔，也不是傳統那種幫助他們改善生活的社區中心。一方面我們讓少數族裔明白本地文化，投入香港生活；同時也拉闊作為大多數居民的華人，對於社區的想像，讓大家知道自己居住的地區有這麼多異國文化，社區也可以很好玩。」

就像共融館門前的公共空間，雖然只

共融館館長阿文（左）為同鄉解決生活難題。

有約一千呎，但他們進行了花圃美化工程，種植植物，又請街坊一起把桌椅和車軚翻新，並把書本放到這裏，「即使放幾株怕醜草，不同種族的家長已會帶小朋友來認識和觸摸，街坊也多了在社區停駐的機會。因為這條街屬於大家，無分哪個族裔使用嘛！」

或者，我們應撫心自問，身為香港大多數的華人，視野是否有想像般國際化嗎？我們口口聲聲說香港是多元文化的社會，但試問從小到大的經驗，又有多少跟少數族裔人士交流的片段？當媒體和偏見把他們塑造成看不見，甚至是不受歡迎的羣體；我們的確忘了，他們是香港多元社會的重要一員。

「有了共融館，大家便可從一句『Hi』開始，嘗試與自己不同種族的人相交，」徐斯筠希望，「若大家從葵涌回家，也把一句『Hi』帶到自己的社區，整個城市離真正的多元和共融便不遠矣。」

這天跟阿文談笑風生過後，我也嘗試跟辦公室附近那南亞小店的印度老闆聊天，向他買些香料，並請教烹煮咖喱之道；如此輕易就在社區交了一位新朋友。

共融館的三位成員徐斯筠、阿文和石仔（左至右），努力營造一個真實的社交平台來讓少數族裔與華人街坊交流。

後記

共融館門外的美化花圃工程計劃將延伸到葵涌區其他社區的樓梯。未來也會創作一個關於葵涌區的桌上遊戲。

土家：

讓街坊放膽講故事

「共享一個地方，讓它成為流通的管子，讓資源、故事自由往來。」

文—司徒咏姍
攝—黃國榮
17-04-2015

對於一個不是在土瓜灣生活的人來說，土瓜灣嘛，嗯，在九龍城附近，可以在紅磡乘巴士去的。呀，通常也要搭小巴才去到。

這區一直沒有鐵路直達，每次去之前都查清楚怎樣乘車，又要與小巴司機溝通清楚怎樣下車……是有點不方便。但也因為這樣，這個社區保留着舊香港社區的面貌，街坊也是一直簡單地生活着，這裏有各種小店，足以供應生活所需。

整個社會都全速向「發展」方向進發，舊了就要拆，就算留了也要「活化」。灣仔「藍屋」這個重建工程，暫時是香港唯一一個成功「留屋留人」的項目，有份與街坊一起討論如何走這條「重建路」的聖雅各福群會和社區文化關注（CCC），在2014年年初開始了土瓜灣的社區文化工作，聖雅各福群會開設了「『土家』故事館」，由認識土瓜灣這個區的街坊和他們的生活開始，以文化藝術活動貫穿，在每天一起的日常生活裏，凝聚社區。

土家故事館（下稱土家），這名字聽起來，像是一間博物館，一個把集體回憶鑲嵌起來，供人憑弔的空間。

然而，只要你到過現場，就發現這是個誤會。由2014年1月起，聖雅各福群會租了土瓜灣一間已結業的家禽店，作為土瓜灣故事館。它位於鴻福街小行，與車房、雜貨店、麪食店、茶餐廳為鄰。門面很低調，玻璃門上貼滿了海報——有些還是很隨性的手繪通告。走入內，看見一張大桌子，層層木架子，上面有街坊手織的工藝包、環保酵素、小孩玩具，各式各樣的單張和社區報。

土家是一個具彈性的空間，可以化身社區中心、小孩託管中心、街坊福利會、家居維修服務聯絡處，或是社區廚房。由聖雅各福群會聘請社工小田和藝術家阿棠，籌劃這個空間。

他們並沒打算硬要為土瓜灣寫出一個感人至深的故事，反而是想開放「土家」，讓街坊自己凝聚出屬於這個社區的故事。

故事一：小貓點點與小孩

訪問當天，一坐下就聽到小貓喵喵叫。「這裏有貓嗎？」我們問。

找來找去，在桌子旁發現一個寵物走佬袋，喵喵聲就由此傳出。朝袋內看，就見到一隻小貓在撒嬌，想喝奶想玩耍。「牠叫點點，是隔鄰車房給我們的。」阿棠說，他是聖雅各福群會的同事，身分是駐故事館藝術家。他本身專長當代視覺藝術，師傅是著名本地藝術家蛙王。

阿棠和他的社工拍檔小田去年年頭開始進出土家，打點裝修，早已和鄰近的車房混熟。農曆新年時車房關門，有一隻貓媽媽竄進去，躲在裏面生了一窩小貓。車房工友放假後回來開門，貓媽媽嚇得逃了，卻丟下了一隻小貓。「車房其實不知我們在做什麼，覺得我們應該是做社區中心、做文化、講歷史。又見我們會同小朋友玩，就諗啱啦，有個小生命，就交給你們啦。」那就是點點。

最初，他們心大心細，不知道是不是應該收留牠。「這裏街口轉角就有一間貓舍。我們也有想過把小貓送到那邊。」後來阿棠想，其實這可以是一個與街坊共同學習的機會，就跟他們商量。

街坊，是指那些平日放學就來做功課的小學生，或是買完餸過來傾偈的太太們。土家開了差不多一年，已穩定有二十多個小學生定期出現。「我們都談了好一段時間，希望大家都能承諾負責任，輪流照顧牠，才把牠留下來。」小貓需要貼身照顧，每隔一段時間就餵奶。於是阿棠跟轉角的貓舍義工溝通，也教街坊們怎樣照顧。「小孩們愛貓咪愛得不得了，爭住幫牠改名。在街坊 WhatsApp 羣組裏天天也有牠吃奶、撒尿的報告，讓大家也知道牠的情況。」

最有趣的是，小孩因着小貓而想到，關於自身和社區未來的問題。「我記得有一日其中一個小朋友問：如果我們要上樓、要搬了，那小貓要怎樣？」阿棠說，「這區劏房多，許多街坊也是新移民，前路未知。居住環境差，大人好多時都想搬離這區，卻不會跟小孩說，結果這個迴避不談的問題，小孩透過小貓向大人問清楚。」

「土家是用政府的市區更新基金營運。我們一方面，想讓街坊在重建開始之前，好好凝聚力量，一起參與社區，到重建真的到來時，有力量跟政府傾。另一方面，也想跟街坊一起思考自己的方向。」小貓點點的出現，就讓小孩和大人坐下來傾。

「我們不是特別做『街坊工作』。反而，當你可以捉緊一些機會，讓街坊一齊傾，或者更容易更自然。」阿棠說。他認為，自己以藝術家的身分參與土家，就是要專注留意這些機緣，凝聚人與人之間交流。「社工許多時是專注於個別街坊面對的困難，他可以採取一個怎樣的方案幫助街坊改變處境。但我是……我是處理人與人之間，無形的東西，就像空氣一樣，就我和你之間的空間。」

那是氣氛、是互動，是街坊之間的連結，也可以是共同的回憶。

阿棠強調，他也帶導賞、搞工作坊，與拍檔社工小田一起做，只是大家的着眼點不同，就各施其職。小田同意：「藝術的重要性是，它本身鼓勵多元性，空間是很大，有很大的包容性；關於社區的感情、故事，有時也不是以語言可以表達的。而且，藝術可以讓人自我發掘。就像阿棠之前帶的『織織團』，婦女之間圍在一起，就可以發揮到許多他們也沒想過的能力。」

故事二：用六十四袋衫做蘿蔔糕

小田對於建立社區故事館已有經驗，在開展土家以前，他是負責灣仔藍屋「留屋留人」的保育工作，也有份開展「香港故事館」。雖然社區中心、社區組織等等，在香港早已有一段長歷史，但他認為近年愈來愈難講「社區」這概念。

「香港這個地方，是很難話畀人聽，什麼是社區。我們有『區』，卻未必有『社』。」社區的英文是 community，小田認為討論社區必須先思考其他延

土家織織團
2015招募
歡迎街坊參加
詳情請與土家查詢或致電 27621500

酒樓
公司
珠城酒樓
有限公司
珠城酒樓
公司

伸出來的概念，如communication（溝通）和commune（公社）等等。

「講社區不是單講地理位置，是要強調它作為一個公共領域，社區各人是互為因果、互為分享、互為體諒和互為認識的。」在早年香港，這還較為容易理解。一方面，以前鄰舍關係較密切，較易連結和動員；而且，早期的社工，面對殖民政府的政策，是需要組織居民一起跟政府傾。「例如調景嶺寮屋要拆，大家想搬去邊？要點搬？我們希望重建以後的調景嶺是怎樣呢？當時，大家反而會有更多機會，一齊討論社區的將來。」

現在，一個重建或發展計劃空降下來，大家似乎只能默默接受，自顧自盤算前路好了。小田覺得，這需要大家一起重新建立對「社區」的理解，同時也要建立街坊的連結。這也就是阿棠上面所說，那在社區中間像空氣一樣的東西。

「所以，我們是做社區工作，也是做文化工作。」小田說。因為這個思維，土家即使作為一個社區中心，運作的方法也很不同。

有一次，一位有心人打電話給小田說，他有「四、五袋新衫」可以給他，讓他分給街坊也好，做工作坊也好。「我去到他家，才見到是有六十四袋衫！」小田說，不無汗顏。一般來說，接收了大量物資，最簡單就是直接派給街坊，阿棠和小田卻想出了另一個辦法。

「當時是農曆新年，我們早打算與街坊一同整蘿蔔糕。但買蘿蔔、臘肉都要錢，點好？」阿棠說，「那不如就用這六十四袋衫賺點錢？」於是，他組織街坊，一同參與衙前圍村關注組的新春衙前墟，擺檔賣衫。「這不僅是要賣錢，還想讓街坊儘早認識其他重建區，看看他們的先例。」另一邊廂，小田帶街坊去菜園農業先鋒田，買本地新鮮蘿蔔。「他們可以離開市中心，又認識一下其他土地抗爭故事。」擺地攤所得的，買到各種材料，就可以聚集街坊，一起整蘿蔔糕。

每位街坊，拿着自己一底蘿蔔糕，當中都是大家共同付出的汗水、故事。「蘿蔔糕味道或者都忘了，但至少他們會記得有一年，自己跟街坊一起高高興興過新年。有得吃、有得玩，回家還可以繼續思考自己的經驗，幾好。」阿棠說。

故事三：城市裏面的祠堂

當然，整個過程是比直接派衫麻煩，但小田認為，社區營造就是要花時間讓人學習慢下來，與社區發生關係。「社會速度快得希望我們做咩都求其。但所有充滿內容、充滿對話、充滿情感的事情，都必然是慢而微小的。」

但發展和重建正步步進逼，我們趕得切嗎？

「做了一年社區藝術，我都不斷思考，到底什麼是保育。」阿棠說，「我們連繫了一班街坊，可能一架推土機來了就散了，有意思嗎？到底保育是一定要保住所有建築物嗎？我們要保育的到底是什麼？」

在土家發生的故事，讓阿棠再想，他保育的是「社區文化價值」。「我希望，街坊會明白鄰舍關係、文化氣氛也是生活中重要的一部分，就算有天重建來了，他要搬走，還是選擇留下，也會懂得把這些因素考慮在內。」

搞保育，做社區營造，不是要強調什麼也不變，而是怎樣變才是對大家最好。小田舉例：「街坊們都很期待沙

●1 位於八鄉錦田元崗村，農田負責人為村民馮汝竹（阿竹）。2009年，她參與菜園村護村運動，之後隨村民來到錦田，租了一塊田地進行有機耕作。

中線的，我們並不是要反對沙中線。而是要怎樣建才不用把古蹟碾碎，或是不會令區內的公共空間也大幅減少？怎樣重建舊區建新樓，才不會把舊有街坊摒棄於外？」

這些思考不能用幾次諮詢會，幾份文件就帶出來，而是需要一個像「故事館」一樣的空間：不催逼的節奏，開放的氣氛，機動的組織，歡迎任何人來參與。「其實故事館，就像新界人的祠堂一樣。祠堂裏所有東西都屬於公家，大家都有份。我們定期在這祠堂裏分豬肉，搞慶典。哇哈哈……只不過我們沒豬肉，是整蘿蔔糕而已。」阿棠說。

故事館成為社區的中心，聯絡街坊的感情，彼此分享個人的專長，建立共同回憶，也向別區的朋友展示地方特色。「這是最理想的模式。土家並不是屬於我和阿棠的，若只有我們兩人參與，根本搞不到這麼多事情。這個空間，是屬於所有出入這裏的街坊、義工和實習同學們的。」

阿棠（右一）、小田（右二）與社區文化關注的同事陳楚思（前右三）、Kannie（左二）跟街坊一起打理土家。

後記

從2018年4月1日起，土家由社區文化關注及維修香港共同營運；幾乎每晚和週末都舉辦不同的工作坊和活動，在土瓜灣重建前夕，努力凝聚街坊。

結語

每個人都可以成為積極參與式公民

陳楚思

《時代論壇》「青黃筆接」專欄作者、NGO「社區文化關注」執委。

只是因為丘比特而參與社區

要形容我的社區參與，有一種沉悶如卡片的方式：自2012年在藍屋做義工，開始接觸到什麼是社區營造；2014年更在「社區文化關注」（CCC）全職做社區營造的組織者，在土瓜灣推動土瓜灣社區達人計劃，後來CCC成為「土家」土瓜灣故事館的一份子，也就繼續實驗不同的社區營造項目。若要以影像描述或者就是，當我在大街小巷穿梭，看到一塊塊霸氣手寫招牌；當生性害羞的我，在小店融入豪爽麻甩又帶點溫柔體貼的對話，我漸漸發現了一個全新的自己，給丘比特射了一箭，像聽一首歌發現了最愛的歌手，像嚐一種美味後發現了最愛佳餚。

於是，我順應着最牽動內心的，不經不覺走入社區嘗試了不同的事。有時別人以為行動者是為着奉獻社羣，將服務對象放大，將自己縮小——這樣的參與不可能持續，也是錯誤地將社羣和自己分割。其實，做着自己最愛的事，必會自然地接觸到其他人，大家是互相依存的關係。

土家故事館是街邊地舖，現時由兩個團體「社區文化關注」及「維修香港」共同營運，原先在街頭蹓躂的小朋友會跑進來，少數族裔街坊在這裏閒坐。我熱愛經歷社區的豐富，在街頭小店與不同人相處，可以走出自己原有學校、工作場景的狹小圈子。當我走進去原先看來美麗的唐樓建築，我漸漸看到漏水和老鼠，看到劏房戶的生活，一下子打開社會各種問題的潘朵拉盒子，不論是勞工、家庭破碎、歧視，什麼主題都有。

社區有美麗的人情，豐富的文化底蘊，小店藏着各種工藝工夫，生活細節上看得出是人與人之間沉積幾十年的習性和默契；社區也有許多藏污納垢的地方，尤其在舊社區，相對沒外面昂貴（可不見得便宜）的租金容讓被擠到最底層的人在此掙扎，找尋喘息空間。我又不是德蘭修女，沒有一開始就抱負濟世為懷的夢想，只是當感情建立了，不可能再割斷牽繫，不可能視而不見。

這些年，我們見證着市區重建局在土瓜灣開展多達六個重建項目，包括我們所在的街道，那間舖位，一切都將連根拔起。社區營造，凝聚街坊，為的是建立由下而上對社區的關注，讓街坊從社區作為參與公共事務的切入點。我們摸索着，如何將街坊的需要傳達？有沒有可能，重建巨輪不要就這樣輾過這一切？重建可否配合街坊的需要，讓他們參與規劃，從而建造可負擔的房屋、讓店舖重置？

在社區，可以好切實地發現這城美好的微小事物，或是問題的縮影，也可以從人與人之間的連繫找到可能性和答案。我感謝社區包容我這小小身影，讓我建立難忘的街坊情誼，讓我成為更完整的自己。

可能性：預想式政治（prefigurative politics）[1]

有時我們以為，在社區的行動，是走一條長樓梯，按部就班——初時好多級都是與街坊建立關係，再走上是與街坊爭取他們的訴求，終於走完整條樓梯推開門，到達街坊充權參與社會的目的地。如果流到滿頭大汗走了一千級仍未見到一道門，之前的流汗疲軟就彷彿沒有價值，卡住在中間不知如何是好。可是，其實我們跟街坊，更像是一起到處播種，學習打造一個美麗的花園，過程可能會遇到蝴蝶小蟲，可以跟牠們玩，也同時學着去辨認，為到將來在花園懂得與牠們共處。在行動的過程，已是在實現願景，不需等到「那一天」。我們要在行動中找到「替代之道」，這可稱為「預想式政治」。

雷貝嘉・索爾尼（Rebecca Solnit）在《黑暗中的希望：政治總是讓我們失望，持續行動才能創見未來》（*Hope in the Dark: Untold History, Wild Possibilities*）中的描述是：「搞運動如果搞得民主、和平、充滿創意，如此一來，在世界的一小角，理念就算實現了。以這樣的方式搞運動，不僅能提供改革的利器，也創造一個家，讓社運分子能住進去，依循個人信念過日子，就算這個家只能住幾天，就算位置偏僻，也算是參與運動中開創的一片天堂，可謂造靈之現世。」

CCC 創辦人司徒薇有個符合廣東話文化的比喻：「死馬當活馬騎，騎到最後隻馬真係返生。」明明好像不可能，明明阻礙重重，就偏要在這些處境，堅持實現最相信的價值。

土家也是這樣不停的在創造新的可能性。我們想政府建造宜居的房屋，在此之前，土家開放空間讓街坊，在狹窄斗室以後，還有個廚房可以一起煮飯；我們想爭取社會提供少數族裔更公平的工作環境，在此之前，在土家開烏都語和印地語班讓街坊施展才能，賺導師費；我們想香港有多元的經濟發展，不只侷限於金融地產，在此之前，我們辦土瓜灣生活墟，市集是街坊尋寶的好機會……還有很多很多。

預先實現所想望的願景，也是驗證我們所相信價值的好機會。我們想爭取民主的體制，在此之前，我們在土家的合作、決策，是否能恪守民主的原則，尊重每個人的意見？每次的爭吵，都是揭露我們還未有適應到民主的一些性情，是修煉的好機會。

前面許多一小步的故事，如：一手一腳弄個濾水池，成立社區故事館，民間推動符合租務管制條例的房屋租借……統統都是這樣的將可能性預先實現。如此一來，我們不只是對抗、反對，是更進一步，提出並實現其他的可能，證明我們所相信的價值更好。

「社運本身能產生希望的原因有二：一是運動本身已含有替代之道，二是運動能幫助我們停止注視腐敗的中心，望向置身邊緣或在你身旁的千奇百怪的可能性和英雄。」（《黑》）用預想式策略，我們能找到替代現時世界的可能。而且，觀察這些充滿可能性的故事，我們的注意力就從敵人，轉向好多同伴，置身邊緣之處，有好多都是英雄。

●1 或稱 politics of prefiguration，於《黑暗中的希望》中譯為「預想式策略」。

在家庭、工作場所和鄰舍身邊做公民

若說要你也參與公民行動，你或許會說，「我無法走到前線，我有太多的包袱。」「我沒有你們那般能幹，我做不來。」這種回答，常帶着愧疚。有時是帶着防衛，抵擋別人的質問和怪責。

其實我何嘗不明白這種感覺，只是五十步笑百步。當我見到入獄抗爭者的消息，我會忍不住自責，我從來沒有在那個位置共同等到被警察抬走啊。當我在公眾假期好疲累想睡，收到親人傳來一首《宅女，上街吧！》。最怕見到 Facebook 好多恐嚇：「你係咪香港人？你有冇良心？你今日一定要出來！」宛如情緒勒索，如果我不出來，我就不是香港人，又沒有良心？

當行動者怪責沒有參與共同行動的人，好多時都是因為灰心孤單，或是恐懼自己力量不夠。但是，這樣將行動／不行動二分，前線／後方二元對立的思維，只會損害運動和每個人。

不知怎的，社會漸漸出現了「社運 CV」一詞，質問你有被捕過嗎？你有參加過社運組織嗎？我明明痛恨社會用履歷表來簡化一個人的價值，口裏會批判精英主義害苦了多少有才華的人，卻原來暗地裏也習慣用這種思維量度自己：與別人比較自己有多少項參與，有多大的成就？無怪乎有人會覺得，自己只是無甚「社運前途」的人，不如觀望有好 CV 的精英優等生在「社運階梯」向上爬。我們習慣在職場被奴役，也想像到社運場域是同樣的弱肉強食，難怪不想投身。

事實上，每個人都是公民，不需履歷。你可能覺得，「當然吧！學校都教我們路不拾遺，有需要時就要去捐血，我也是個良好公民」。根據 Westheimer & Kahne，[2] 這是三種公民的第一類：「盡本分的公民」（personally responsible citizen）就是在自己的社羣盡本分。但如果說到要以公民身分推動社會改變？在街頭行動流汗，甚至承受入獄的風險，你或會卻步。第三類別是「公義取向公民」（justice-oriented citizen），在參與公共事務之時，他們分析和了解其中的社會、經濟、政治關係，對社會結構性的問題作出批判，爭取社會公義。這個類別，或會讓我們想起鎂光燈下的社運人士。

可是，我們必須留意，媒體對社運人士和社會運動的報道往往聚焦於街頭集體行動的場面，忽略在集體行動之前，深耕細作的預備。以反新界東北發展運動為例，電視常常重播在立法會外吶喊集會的場面，但有多少人會在電視見到集會中嗌咪的人們，在田中帶導賞，與農民閒坐的鏡頭？漸漸，我們對於社會行動的想像被收窄，容易定性為集會爭取訴求，甚至對於街頭行動要衝或不衝有很多的爭辯。街頭行動只是行動的其中一個現場，社會不公義在其時多是以口號呈現，但不公義背後的故事，難以在那個場合完整呈現。為什麼缺乏民主是我每天加班的原因？為什麼劏房愈劏愈細，不是因為地少人多，是因為不公義？更甚，有些人可能只熟習街頭行動的模樣，受不公義折磨的大眾對他們來說面目模糊。這樣，我們談何毋忘初衷？

• 2 Westheimer, J., & Kahne, J. (2004). What Kind of Citizen?: The Politics of Educating for Democracy. *American Educational Research Journal.* Vol. 42(2). 239-69.，中文翻譯名稱參考梁恩榮、阮衛華。2011。《公民教育，香港再造！迎向新世代公民社會》。香港：印象文字、香港基督徒學會。

還有第二類別「參與式公民」（participatory citizen），指的是在公共事務積極參與，為到社羣的社會生活努力，願意參與集體、社羣去推動改變的人。在身處的社羣努力，面對一個個真實的臉孔，這樣，可以突破第一類「盡本分的公民」的被動，又可為「公義取向公民」作批判之前做好基本步，例如，了解殘疾朋友生活有何不便呢？清潔工人的午餐蘊藏什麼社會問題？這本書的每一個故事，都是參與式公民的好例子。

帕爾默（Parker J. Palmer）在《民主，心碎的政治？》（*Healing the Heart of Democracy: The Courage to Create a Politics Worthy of the Human Spirit*）說：「如果我們將公民角色約化為大眾不感興趣（甚至接觸不到）的、狹義的政黨政治活動（譬如加入政黨、向政黨捐獻、為候選人挨家逐戶助選、參加大型集會等），我們實踐公民角色的機會自然大打折扣。但其實大多數人，主要是在日常的家庭、工作、鄰舍層面扮演公民角色的。」也許你很難想像，返工、購物時，同時可以在推動社會運動。公民參與無分前方後方，你在那裏，那裏就是公民行動現場。

成為參與式公民，可以是由你的興趣，你每天出入的路線，你接觸到的人，這些自身經歷出發，度身訂造。一小步故事的行動者也正正如此：喜歡書和跑步，就辦了 Run Of Page；着緊自己成長的地方，就辦了一個社區故事館。重要的是，在屬於自己的場域張開眼睛，敏感社羣的需要，相信自己一小步的力量。

從無力再燃希望

你或許會說：「做乜都無用架喇，好灰。」

你或許會不屑的說：「無用架喇。仲出去抗爭？都傻嘅。」如果有人跟你爭辯，你會繼續搬出無盡的道理應對。

第二種態度看來抽離超然，其實只是嘗試掩埋自己內心的第一種心聲。The School of Life 有段短片分析憤世疾俗者（cynicism）：「憤世嫉俗者，曾經經歷過希望的幻滅，打擊之大無法承受……那些曾經的希望已經長成了龐大的痛苦，痛得難以承認，他們還在復原的路上。」[3] 因為太過痛苦，憤世嫉俗者保護自己，就決定什麼都不相信。

行動的過程會遇到很多挫折，別人不理解、資源不足。這幾年來，社會時事壞消息源源不絕，權勢的殘暴，人性的醜惡，叫我們驚覺無權者的力量箇真如此微小。

似乎連公民的心靈都有亞健康狀態，創傷接着創傷，難以根治。

• 3 出處：http://www.thebookoflife.org/the-problem-with-cynicism。由筆者自行翻譯。

我無法慷慨激昂地說，為了要成功行動，還硬要搗住傷口，說服自己連心情都調節到充滿希望，以便做到更好的行動者。這樣的態度，豈不像連鎖店要求生病員工還要佩戴完美笑容才能得嘉許？難道連成為公民，都有規定的素養、表現，連心靈狀態也要吻合一個準則？

只是，帕爾默告訴我們，鬱結不一定是行動的阻礙，更多時是用心行動的證據，不可能避開：

「若你全心全意擁抱你對自我和世界的認識，就會不時遇上心碎的時刻——失落、失敗、挫折、出賣、死亡。你和你身邊的世界如何反應，取決於你的心怎樣碎法。你的心若是『散開』，結果可能是忿怒、憂鬱、沮喪。但你的心若是『打開』，卻能因此承載更複雜更矛盾的人生經驗，結果可能是新生。人之所以為人，全在乎心——而政治（運用權力去組織眾人的生活）是與『人』最有關係的事情。政治落在那些心已被『打開』（而非「散開」）的人手中，可以幫助我們擁抱彼此的差異，並勇於運用權力，為要建構一個更公平、更公義、更有憐憫的世界。」

帕爾默續談到，將心打開後，要再去堅持盼望，而索爾尼《黑暗中的希望》一書呼應着這個主旨：

「希望不像獎券，不能讓人握在手裏，坐在沙發上，覺得手氣不錯。我這麼寫是因為，希望是緊急事件中的一柄斧頭，能用來破門而入；因為希望應能奪門救走人，因為希望能讓人付出一切，使得將來免於戰亂連綿、地球資源耗盡、窮人和弱勢被欺壓。希望的意義只是，另一個世界或許有可能存在，不是支票，不保證存在。希望號召行動；若無希望，行動無以為繼。」

索爾尼提到，我們常常對於未來有錯誤的想像，是因為忘記述說過去發生過的改變。「往昔的成分複雜，回憶也應具有對等程度的複雜性，容得下所有參與者，能把你我的力量包含在內，更能產生一種名為『希望』的推進燃料。」我們剛見證到又一次重要的公民實踐，就是這本書所記錄一個個公民行動的故事，正正為我們未來的行動帶來希望的養分。

讓我們將碎掉的心打開，抱緊希望，堅持去行動吧。不只為了達到社會改革的目標，而是，當我們抱緊希望，堅持行動，才能治癒。

一小步的小實驗

在線上，我們報道；
離線後，延續到生活。
用媒體，我們實驗；
以行動，步伐同連結。

2013.1.1《一小步 Little Post》網站正式啟動。

2013.11.29 舉辦民間小店記錄者及關注者傾偈飯局

2013.12.7-8 推出生活布袋

2014.3.2 港澳社區報朋友分享會

2014.8.9 舉辦公民抗命真人圖書館

2014.11.1 出版《遍地開遮》小書

2015.1.15「有得食。好好食」專題計劃

2015.5.20 徵集社區小故事

2015.7.9 進行亞公角山社區實驗

2015.11.27-28 舉辦「山城節」

2016.10.13 開辦 Trial and Error Lab

2017.5.14 舉辦少數族裔社區美食導賞團

2018.7.18 出版《行出一小步——從我到我們的社區實驗》

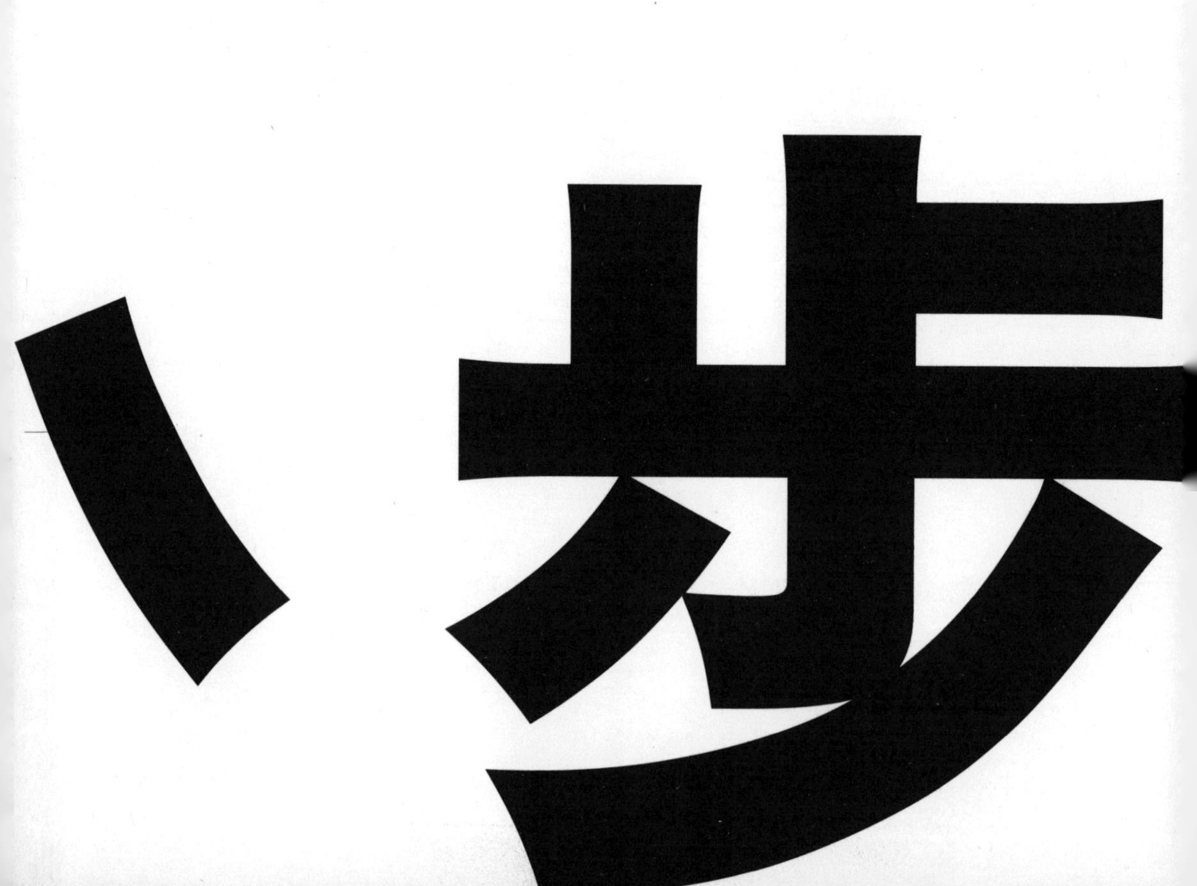

行出一小步——從我到我們的社區實驗

作者 / 一小步
策劃編輯 / 史曉晴
美術設計 / 西奈

出版發行 / 突破出版社
香港沙田亞公角山路 33 號突破青年村
電話 ： 2632 0000　傳真 ： 2632 0388
電郵 ： breakthrough@breakthrough.org.hk
網址 ： http://www.breakthrough.org.hk
http://www.btproduct.com

承印 / 陽光（彩美）印刷有限公司
2018 年 7 月初版 1 刷
2019 年 1 月初版 2 刷

From Me to We: The Stories of How We Live as a Community
by The Little Post
First Printing, First Edition, July 2018
Second Printing, First Edition, January 2019

Printed in Hong Kong
ISBN 987-988-8392-85-8

誠邀閣下就突破出版社的書籍發表意見
歡迎加入突破書籍 Facebook page — http://www.facebook.com/btbooks.page
本書採用環保油墨印刷